教育部学校规划建设发展中心重点课题成果

创意早教游戏

何磊 骆萍 单曙光◎编著

化学工业出版社
·北京·

内 容 简 介

0~6 岁婴幼儿早教是生命全周期教育的重要环节，也是终身教育的开端，目前最新的幼儿园教育生态是将 1~7 岁的宝宝编入混龄班，《创意早教游戏》的内容编排也贴合了这样的教育理念，内容设置并非按照月龄顺序，而是更遵从认知规律。

图书在版编目（CIP）数据

创意早教游戏 / 何磊，骆萍，单曙光编著. —北京：化学工业出版社，2021.7

ISBN 978-7-122-38894-0

Ⅰ. ①创… Ⅱ. ①何… ②骆… ③单… Ⅲ. ①智力游戏-学前教育-教学参考资料 Ⅳ. ① G613.7

中国版本图书馆 CIP 数据核字（2021）第 063345 号

责任编辑：宋 薇　　装帧设计：张 辉
责任校对：刘曦阳　　版式设计：水长流文化

出版发行：化学工业出版社（北京市东城区青年湖南街 13 号　邮政编码 100011）
印　　装：北京建宏印刷有限公司
710mm×1000mm　1/16　印张 16　字数 305 千字　2021 年 10 月北京第 1 版第 1 次印刷

购书咨询：010-64518888　　售后服务：010-64518899
网　　址：http://www.cip.com.cn
凡购买本书，如有缺损质量问题，本社销售中心负责调换。

定　价：69.80 元

前言

脑科学问题是人类社会面临的基础科学问题之一，也是人类了解自然和人类本身的“终极疆域”。近 10 年来脑科学的发展超过过去 300 年的研究，围绕脑科学的大国博弈日趋激烈。

一、脑科学研究背景

脑科学发展计划越来越全面地介入到社会发展的更多领域，教育便是其中的一个重要方面。脑科学研究所取得的重大进展促进了教育思想的重大转变，从而为素质教育提供了科学依据：复杂的大脑正是学习和创造的生理基础。

《创意早教游戏》将全脑开发的教育理念与儿童可以接受的教育实践相结合，用特别设计的对儿童智力发展有益的个性化游戏，全面激发左右脑潜能，开发全脑，使儿童学会使用全脑思维和学习，有效提升智商、情商等。

《创意早教游戏》塑造儿童的完整性，促进儿童认识、情感、社会性、身体、道德、个性、意志、兴趣、态度、价值观等全面和谐发展。未来教育阐明脑科学的内在规律，越来越需要开展多学科、多层次的研究，学前教育领域对脑科学问题的研究更应立足于幼儿的学习与发展。因此，基于学习品质培养的《创意早教游戏》在国家级课题研究的基础上应运而生。

二、创意早教游戏的教育价值

《创意早教游戏》致力于 0～6 年龄段幼儿的思维研究，探索学前儿童关键期全脑开发的科学方法，以 190 个亲子早教游戏为活动内容，以 6 个阶段进阶的游戏课程为评价体系，破解宝宝的大脑密码，让宝宝的思维与众不同。

创意早教游戏课程，注重儿童观察力、专注力、判断力、记忆力、联想力、创造力等能力的全面提升，在游戏价值得到挖掘的同时，也使得儿童的智力发展不再枯燥，这正是未来素质教育提倡的用创造代替传授，用改变世界代替解释世界的新理念。

《创意早教游戏》是在教育部学校规划建设发展中心重点课题“基于照护服务的 6～36 个月早教课程实践研究”（课题编号：CSDP19FS01115）的研究基础上，本着理论与实践并重的原则进行编写的，书中内容经过 2 年多的时间在全国近 40 家幼儿园进行了实践。

创意早教游戏课程努力将未来教育的规律、知识与提高全社会、家庭和从业者解决实际问题的能力有机结合，尝试建立早教课程体系，以适应我国新时代对学前教育发展及应用型人才培养的要求。

本课题组相继在南京鼓楼幼儿园江北分园、西安高新区第十幼儿园、重庆市涪陵区巴蜀幼儿园、山东省新泰市实验幼儿园、武汉市东西湖区启雅幼儿园、湖北武汉青柚籽社区托育中心等地开展早期课程活动，师生互动良好，家长满意度高。在此过程中，我们和武汉鑫青盟文化传播有限公司开发了网络课程、托育中心环境创设资源包、爱可全脑思维游戏微主题、未来儿童学习中心 AI 管理系统、安全管理模拟系统等辅助资源，让技术更好地赋能教育。

三、创意早教课程及编撰人员基本情况

本书紧密结合当前托幼机构的实际情况，注重内容的实用性、实践性和可操作性；紧密结合学前教育新政策、新动向，注重内容的前瞻性、导向性；关注学前教育中的热点、难点问题与实际案例，做到理论与实际相结合。

《创意早教游戏》主要介绍了个别化早教指导方案和集体早教指导方案的实施步骤，从照护基本原则、照护内容的选择、回应性照护、婴幼儿能力发展及评估、膳食和营养、健康管理、安全保障等方面如何落实科学的全脑开发早教游戏课程。全书内容的设置主要是为了实现全脑开发的课程目标，思考的是如何解决婴幼儿经验的积累与学习发展之间的问题。是目标的具体化，也是婴幼儿在生活中不断积累各种经验的过程。主要包括感知课程、动作课程、语言课程和情感

课程。

全书由何磊、骆萍、单曙光负责统稿。“感知课程”参与工作人员有赵晋、王艳、文艳芳、杨璇、宋红蕾；“动作课程”参与工作人员有李帅、何星、史莉、樊颖、王玲玲；“语言课程”参与工作人员有徐涛、杨静、吴瑛；“情感课程”参与工作人员有张伶然、梁青、余勇。金欢、易子博、瞿锦承担部分资料收集整理等工作。本书封面及插图由谭晨设计并绘制。特聘请了陈永跃教授、陈利鲜教授作为顾问，指导相关研究工作；参与全书编写的既有高校教授，也有长期扎根学前一线的特级教师，都有丰富的经验，了解当前学前教育实践中的需求。

在编写过程中，参阅了大量的相关政策文件、教材和文献、专著，我们在参考文献部分做了详细的说明。限于我们的能力和水平，书中若有不足之处，敬请专家、学者及广大家长、读者指正。本研究成果由教育部学校规划建设发展中心和重庆第二师范学院提供课题经费资助，在此一并致谢！

最后，衷心祝愿每个宝宝都有一个良好的人生开端！祝愿每个家庭都拥有幸福健康的生活！

本书编写组

2021 年 5 月

目录

第一章 陪宝宝玩到入园

第一节 | 最优压力

第二节 | 不同月龄宝宝养成计划与发展要点自测

第三节 | 宝宝日常照护

第二章 感知课程

第一节 | 艺术创游

第一章

陪宝宝玩到入园

第一节 | 最优压力

① 什么是最优压力

最优压力是指强度适宜的压力，它足以鼓励和激发宝宝参加各种活动(包括问题解决)，但压力又不至于过大，以免妨碍或抑制宝宝采取行动或解决问题的能力。压力能促进宝宝的学习和发展，但大小要适当。因此，照护者有责任替每个宝宝判断最优压力水平，并且允许宝宝面对适当压力。

② 如何判断宝宝的压力状态

可以通过观察宝宝的举动来判断压力是否适宜。如果宝宝承受的压力过大，他们则不能有效地解决问题，而且可能会变得过分情绪化，或者表现出退缩行为。

另一种判断压力大小的方法是设身处地去体会宝宝的感受，同时又要保持冷静，不被他们或自己的情绪所影响。保持冷静会给你一个好的视角，有利于做出正确的决策。

③ 宝宝是压力过大还是压力不足

我们需要仔细观察宝宝所面临的问题。如果宝宝遇到的问题太多，照护者应帮助他们减少问题的数量；如果宝宝感到问题解决起来太难，则应提供适当的帮助。宝宝面临的压力不足，也许是他们在生活中没有碰到足够的问题；也许是所处环境发生的事情太少，缺乏多样性或较为乏味；或者是照护者替他们过多解决了问题，这些都不利于宝宝的学习与发展。

④ 怎样给宝宝最优压力

· 照顾、护理、保育为主

以保障宝宝的健康、营养和安全为前提，为婴幼儿早期发展提供服务。

· 遵循规律，全面发展

遵循各月龄段宝宝的身心发展规律，提供合理膳食，安排适宜活动，注重体格、感知运动、语言认知、情绪和社会交往等能力的全面发展。

· 创造条件，满足需求

了解宝宝身心发展需求，实施回应性照护，促进其在关怀及赋能的良好环境中健康成长。

· 关注差异，发展潜能

一日生活皆教育，关注宝宝的状态，兼顾个体差异，通过交流、游戏等日常活动，实施有针对性的照护指导，发展宝宝潜能。

第二节 | 不同月龄宝宝养成计划与发展要点自测

1 不同月龄宝宝交流玩耍方法参考

▶ 不同月龄宝宝交流玩耍方法参考表

6 月龄	
交流	· 引逗宝宝笑，多和宝宝说话，将说话和日常活动结合起来
	· 玩照镜子游戏，让宝宝看镜子中的自己，以便逐步认识自己
	· 模仿宝宝发出的声音，以鼓励宝宝发音
玩耍	· 陪宝宝抓和玩一些颜色鲜艳的物体，如摇铃、塑料球、带铃铛的圆环、自制的布玩具、塑料瓶等
	· 在宝宝面前缓慢移动玩具或把玩具放在离宝宝较近的地方以鼓励其伸手够玩具，并告知其玩具的名称
	· 用手、手帕或毛巾遮住脸，和宝宝玩“躲猫猫”游戏
	· 帮助宝宝练翻身、靠着软垫或大人的身体坐
	· 宝宝喜欢用嘴巴来感知物体，但必须保持物体的干净和安全
7～9 月龄	
交流	· 对宝宝的声音和兴趣做出反应，叫宝宝的名字，观察其反应
	· 引导宝宝发“爸爸”“妈妈”等语音，激发其对发音的兴趣
	· 帮助宝宝认识家里的人，教其认识日常生活中的常见物品
	· 在保证宝宝安全的情况下扩大活动范围，鼓励其与外界环境和人接触
玩耍	· 给宝宝提供一些干净的、安全的物品，如塑料瓶、碗、杯和金属勺，或一些干净的空饮料罐，让宝宝做抓握、传递、敲打、扔等动作
	· 在保证宝宝安全情况下，让其学习抓取玩具、小饼干等
	· 和宝宝坐着玩，在平坦的床上、炕上或铺了垫子的地面上练习翻滚、爬行，注意保证宝宝安全
	· 和宝宝一起玩球，来回滚球，与宝宝愉快地互动

续表

9～12 月龄	
交流	·和宝宝一边唱歌一边做动作，抱着宝宝跳舞
	·用清晰的声音和宝宝聊天，自然地对宝宝说一些简短的句子，示范宝宝如何用手势表示意思，如“再见”“欢迎”
	·教宝宝认识身体部位，告诉宝宝人物、物品名称
玩耍	·让宝宝用拇指、食指捏取一些小饼干或馒头块，做“捏、取”小物品的动作
	·带宝宝玩两个小瓶子对敲、小杯套进大杯的游戏，叠积木，玩藏与找的游戏，比如当面把宝宝喜欢的玩具藏在布或盒子下面，鼓励去寻找；和宝宝玩“躲猫猫”的游戏
	·鼓励宝宝爬行，让宝宝学习从躺位翻身变成坐位，从坐位转为爬行，并能扶着家具站立。活动中随时注意宝宝安全，宝宝攀拉的家具要稳固
13～18 月龄	
交流	·用清晰的发音与宝宝多说话，用简单的语言指令调动宝宝的活动，如“宝宝（名字），把小汽车拿回来”
	·示范、鼓励宝宝称呼周围的人，说出家中物品的名称，模仿说简单的日常用语，对宝宝尝试说的话给予鼓励，无论其说得是否清楚
玩耍	·让宝宝自己动手玩大桶（杯）套小桶（杯），将积木或东西叠高，把花生、核桃等小的东西放到容器里并取出来，鼓励宝宝用笔乱涂乱画，学会自己翻书
	·引导宝宝模仿成人玩或自发玩假装游戏，如给娃娃喂饭、拍娃娃睡觉等
	·鼓励宝宝独自行走，多在户外活动，一起玩扔球、捡球、接球、踢球，练习自己蹲下、站起来、上下台阶
19～24 月龄	
交流	·多讲故事、念儿歌，带宝宝边看大自然边交谈。教宝宝学习日常物品的名称和用途，学习数数
	·教宝宝说出自己的姓名、性别、身体部位的名称
	·通过与宝宝玩“开火车”“骑竹竿”“过家家”等游戏，培养宝宝的兴趣和想象力
	·问宝宝简单的问题，鼓励回答，并及时回应
玩耍	·带宝宝一起利用各种干净的家常物品，如空盒子、塑料瓶、纸板等制作玩具
	·鼓励宝宝触摸不同质地的东西，如软的、硬的、毛茸茸的

续表

19～24 月龄	
玩耍	·通过画画、穿珠子、系扣子、搭积木、捡豆豆放到小口径瓶里，训练宝宝手的灵活性
	·多和宝宝玩，练习单脚站立、双脚跳、两脚交替上台阶，使肢体动作更平衡、协调
	·培养宝宝自理能力和好的生活习惯，如尝试自己洗手、擦干，自己穿脱衣服、鞋子，自己吃饭，或在成人帮助下收拾整理物品等
25～36 月龄	
交流	·与宝宝一起学习儿歌、讲故事、表演节目，耐心听宝宝说话及复述故事
	·教宝宝按形状、大小、颜色、质地、用途等将物品进行归类，帮助宝宝认识事物的规律和内在联系
	·帮助宝宝正确认识性别差异
玩耍	·在保证安全的情况下，鼓励宝宝练习走直线、跑、跳、投球、钻洞、攀登、骑三轮车等，使运动能力更协调
	·学习折纸、剪纸、画画、玩橡皮泥等，训练宝宝手的灵活性
	·帮助宝宝学会遵守生活、游戏和学习的规则，鼓励宝宝独立完成吃饭、穿衣、洗手、上厕所等力所能及的事情，培养宝宝独立意识

② 不同月龄宝宝发展要点自测

本部分提供的是一些可供照护者参考测评 0～3 岁宝宝身心发展状况的表格，包括**身高、体重、视觉、听觉、感知觉、嗅觉等**，对照不同月龄宝宝的生理指标、心理指标等，可以对其生长发育情况进行更为准确的把控，同时也能更加**明确宝宝的照护方向。**

特别提示：宝宝的生长发育具有个体差异性，对于未能达成关键月龄发展要点要求的宝宝，鼓励照护者到当地妇幼保健机构进行咨询评估。

▶ 不同月龄宝宝身体发育测评 1

项目	6 月龄		12 月龄		18 月龄		24 月龄		36 月龄	
	男孩	女孩	男孩	女孩	男孩	女孩	男孩	女孩	男孩	女孩
身高/cm	63.6～71.9	61.2～70.3	71.0～80.5	68.9～79.2	76.9～87.7	74.9～86.5	81.7～93.3	80.0～92.9	88.7～103.5	87.4～102.7
体重/kg	6.4～9.8	5.7～9.3	7.7～12.0	7.0～11.5	8.8～13.7	8.1～13.2	9.7～15.3	9.0～14.8	11.3～18.3	10.8～18.1

续表

项目	6月龄		12月龄		18月龄		24月龄		36月龄	
	男孩	女孩	男孩	女孩	男孩	女孩	男孩	女孩	男孩	女孩
头围/cm	40.9～45.8	39.6～44.8	43.5～48.6	42.2～47.6	44.7～50.0	43.5～49.0	45.5～51.0	44.4～50.0	46.6～52.3	45.7～51.3
视觉	目光可随着上下移动的物体做垂直方向的转动		能看清较远的物体，开始对物体的细节表现出兴趣		能看清物体的细节，喜欢凝视人和物品		能区别垂直线与水平线 学会辨别红、白、黄、绿等颜色		能说出颜色的名称 认识圆形、方形和三角形	
听觉	能感受发声的不同方位，并向声源转头，听到自己名字有反应		能分辨各种声音，能通过语调感受说话人的语气，开始理解一些指令性的话语		听觉系统已基本发育完善，可以定位不同方向的声源，开始主动聆听周围自己感兴趣的声音		能对声音的响度进行区别		对声音的区别更精细，可以辨别“爸”与“妈”	
感知觉	对温度、疼痛等有感觉，但不能精确定位						可分辨物体的属性，如软、硬、冷、热			
嗅觉	出生时已发育成熟，较为灵敏，能辨别多种气味，并具有初步的嗅觉空间定位能力									

注：宝宝身高、体重、头围数据来源于世界卫生组织婴幼儿生长标准，数据范围为均值±2个标准差。

不同月龄宝宝身体发育测评2

项目	6月龄	12月龄	18月龄	24月龄	36月龄
牙齿	开始长出乳牙	一般长出5～6颗乳牙	第1颗乳磨牙大多长出，乳尖牙开始萌出，可以咀嚼并咽下块状苹果	开始长第2颗乳磨牙，乳牙共16颗左右	乳牙出齐20颗
前囟门	4～26月龄闭合，个体差异较大；平均闭合年龄13.8月龄；38%宝宝12月龄前闭合，96%宝宝24月龄前闭合				

续表

项目	6 月龄	12 月龄	18 月龄	24 月龄	36 月龄
饮食习惯	以母乳为主，无法母乳者应该用适合宝宝的奶粉代替	继续母乳喂养，在满足基本奶量的基础上，能食用各类辅食	能独立用小勺进食，养成定时、定位、专心进餐的习惯	形成三餐两点的饮食规律，能养成独立进餐的习惯，吃完饭后再离开餐桌	能自主用杯子喝水、用小勺吃饭
	6 月龄开始添加辅食，遵从由稀到稠、由细到粗、由少到多、由一种到多种，逐渐适应，6 月龄时可食用柔软泥糊状的食物	学习自己用勺子进食、用杯子喝水	能独立拿着软嘴杯喝水		
		能养成定时进食的习惯			

不同月龄宝宝习惯养成和动作表现自我测评

项目	6 月龄	12 月龄	18 月龄	24 月龄	36 月龄
睡眠	每天睡眠时间为 13～18 小时，能养成自然入睡、规律睡眠的习惯	能定时睡眠，白天小睡 1～2 次，每天总睡眠时间为 12～16 小时	白天小睡 2 小时，每天睡眠时间为 11～14 小时	白天能按时睡、按时醒，醒后情绪稳定，每天睡眠时间为 11～14 小时	每天睡眠时间为 11～13 小时
大便	大便每天 1～3 次	能对大小便的信号有反应，能用声音、动作表示大小便需求，逐步形成一定的排便规律，大便每天 1～2 次	能用语言或动作主动表达排便需求，逐步形成排便规律	能自己坐便盆	能主动如厕

续表

项目	6月龄	12月龄	18月龄	24月龄	36月龄
生活	能用哭、四肢活动表达需求	能配合成人穿衣、盥洗等	能自己擦手和嘴巴	能在成人的帮助下盥洗，穿或脱去部分衣服；能在成人的帮助下收拾玩具；会使用简单的礼貌用语	能自主盥洗；主动收拾和整理玩具、图书；遵从基本的社会行为规范
大动作	能直挺抬头，双手支撑抬头，并保持较长时间；能独立翻身；能扶坐或独坐片刻	会爬行且动作自如；能独自站立，自己扶物可独立走几步；能牵手行走	能独自很稳地走路、停下或改变方向；能在成人搀扶下或扶着栏杆上下楼梯；喜欢跑，但不够稳当；能举手过肩扔出球；能拉着玩具倒走几步	能连续跑，比较稳当；开始做原地跳跃动作，能双脚同时跳起；能双手举过头顶掷球，会向不同方向抛球	能单脚站立片刻；能跨过15cm高或宽的障碍物；能双脚离地连续向前跳；能绕障碍物跑；开始手脚配合攀爬；能比较自如地推拉玩具、骑小车等；能搬运小玩具盒、大积木、小椅子等
精细动作	喜欢抓握、摇晃、敲击物体，将玩具从一只手换到另一只手；喜欢把自己的手、脚或手里能拿到的东西往嘴里塞	能用拇指和食指捡起小物体；能拨弄桌上的小东西，会用手从容器中拿出、放进小物体；能拿饼干、水果等食物并进行啃咬	能码高3块左右的积木	能用带子或绳子穿珠子；能码高5块左右的积木；能拿笔进行随意的涂鸦	能用积木玩具等拼搭出简单的物体；能通过捏、团、撕、折等动作制作简单作品

不同月龄宝宝语言发展要点自我测评

项目	6月龄	12月龄	18月龄	24月龄	36月龄
语言	听到自己的名字有反应；能辨别不同的音色，对熟人的声音有明显的反应；能感知讲话人的语气、语调，产生相应的情绪反应；开始出现连续性的重复发音，如爸、爸、爸……等；能观察1～3张黑白、对称的脸谱等图片	能听懂一些简单的语句；能根据成人的指示完成一些简单易行的动作；能按照成人的要求正确指认事物；在成人的引逗下，能发出一连串变化的语音；能说出第一个有意义的单词，如爸爸、妈妈等；能与成人一起阅读布书、洗澡书、触摸书等	能记住生活中常见物品的名称和表示动作的词语，执行成人简单的指令；出现单词句，用一个单词表达多重意思（如“妈妈”可能表示“妈妈抱/妈妈走/妈妈讲故事”等各种需求）；常用重叠音，会用其他语音替换不会发或发不准的音；听故事、看图书时会产生相应的表情和动作	能记住生活中常用的名词、动词、形容词，如电视机、遥控器、打开、关上、好看、开心等；能说出较多的名词、动词、形容词、介词、代词等；出现“接尾”现象，会接着成人说一句话的最后一个字，如成人说“白日依山……”，宝宝接着说“尽”；常用“不”“不要”等否定句来反抗成人的要求，如妈妈说“睡觉”，宝宝说“不睡觉”；会使用“双词句”提出或应答生活中的简单问题；了解一本书的结构，能从封面开始阅读，逐页翻看	喜欢反复听同一个故事或歌曲；理解简单故事的情节，喜欢模仿故事里的人物语言；喜欢提问，使用较多的疑问句；能正确理解并回答成人提出的问题；能用简单句表达自己的想法和要求；能说出一些较为完整、复杂的句子，如含有“……和……”“不是……是……”等的复合句；会用“你好、谢谢、再见”等礼貌用语交往；能安静、专注地倾听故事和阅读图画书

不同月龄宝宝认知发展要点自我测评

<table>
<tr><th>项目</th><th>6 月龄</th><th>12 月龄</th><th>18 月龄</th><th>24 月龄</th><th>36 月龄</th></tr>
<tr><td rowspan="5">认知发展</td><td>听到熟悉的音乐、儿歌，或看到熟悉画面，会产生愉悦的反应；拿住玩具时，会注视并玩弄玩具</td><td>看到感兴趣的物品，会用手指或伸手要，能较长时间观察物体或图画</td><td>能指认熟悉的人和物品</td><td>能安静地听成人讲一个简短的故事或自己看书</td><td rowspan="5">假扮游戏时可以把一个物体象征为另一个物体，如游戏中把一根细长棍想象成牙刷；知道3种以上常用物品的名称和用途；能长时间集中注意力做自己感兴趣的事情；能用积木码高或连接成简单的物体形状（如桥、火车）；能区分圆形、方形和三角形；能口头数1～10；能手口一致点数3以内的实物；能正确表达并指认多种颜色；能比较或区分“大、小”“多、少”“前、后”“里、外”等；能区分“1”和“许多”；能回答并执行较复杂的认知任务，如在图板上将动物和它们喜欢吃的东西连线，或简单预测故事情节的发展</td></tr>
<tr><td rowspan="4">会用目光寻找物品，如手中玩具掉了，会用目光寻找</td><td rowspan="4">喜欢观察、摆弄玩具等物体；记得住常用物品的位置，会寻找隐藏起来的物品；形成初步的分类能力，如区分动物和植物等</td><td>喜欢听熟悉的儿歌和故事，看图片、图书等</td><td>能记住生活中熟悉物品放置的位置；能理解“上”“下”等空间方位；对圆形或对称的图形感兴趣</td></tr>
<tr><td rowspan="3">处于假扮游戏的萌芽时期，可以在别人或玩偶身上假扮使用某一物品的功能，如用杯子给娃娃喝水;会探究简单的因果关系，如知道按遥控器能开关电视机；会挑选自己喜欢的物品</td><td>能认识并分辨 1 种颜色</td></tr>
<tr><td>能比较 2 个物体的大小</td></tr>
<tr><td>能执行 2 个及以上的指令，如把球扔出去，然后跑去追</td></tr>
</table>

▶ 不同月龄宝宝情感和社会性发展要点自我测评

项目	6 月龄	12 月龄	18 月龄	24 月龄	36 月龄
情感和社会性	喜欢照镜子，会对着镜子中的自己微笑、发音，会伸手拍打自己的镜像；会对熟悉的人或声音做出微笑反应；会受到家长情绪的影响；玩具被拿走时会不高兴，生气时会摔打玩具，高兴时会尖叫；会用哭声、表情、动作与熟悉的人沟通	喜欢熟悉的人，会伸开手臂要求抱，见到陌生人会表现出害羞、恐惧、躲避等；喜欢模仿大人的表情	能在镜中辨认出自己	能识别主要看护人的情绪	能较好地调节自己的情绪，发脾气的时间减少，会用“快乐”“生气”等词来谈论自己和他人的情感；会对成功表现出高兴，对失败表现出沮丧；能准确说出自己的性别，也能区分图片中人物的性别；开始玩属于自己性别的玩具或参与属于自己性别的群体活动；能区分自己和他人的物品，知道未经允许不能动别人的东西；开始用他人的评价来评价自己；能和同龄小伙伴分享玩具，能和成人或同龄小伙伴友好游戏，可以遵守游戏规则，知道等待、轮流，但不够耐心
			能在照片中辨认出家庭主要成员；情绪不稳定、要求得不到满足、受挫折时常常发脾气；情绪变化丰富，可表现出高兴、生气和难过等多种情绪；喜欢独自玩耍或看着别人游戏；能与同龄小伙伴共同玩一会儿，会用他人称呼自己的方式来称呼自己，如叫自己“明明”；开始理解并遵从成人简单的行为准则和规范	与父母分离时会焦虑；情绪变化趋于稳定，能初步调节自己的情绪；开始知道自己的姓名和性别，表达自己的需要；在有提示的情况下，会说“请”和“谢谢”等礼貌用语；开始和其他小朋友一起游戏，并表示友好，出现自发的亲社会行为（如助人、安慰等）；会通过想象或角色模仿，在游戏中表现成人的社会生活，如当医生给娃娃看病或做开车的动作等；自我意识逐步增强，会保护属于自己的东西，不愿把东西给别人，喜欢说“这是我的”“不给”	

不同月龄宝宝艺术表现要点自我测评

项目	6 月龄	12 月龄	18 月龄	24 月龄	36 月龄
艺术表现	能区别语音或乐曲等不同的声音；对熟悉的音乐表现出关注的神情	喜欢熟悉的音乐，会跟着音乐随意摆动身体；当成人哼唱熟悉的摇篮曲时，会表现出安静的神态；喜欢跟着音乐节奏有规律地晃动身体，表现出节奏感；能较长时间注视熟悉的画面，并有微笑或指认反应	能模仿成人律动和舞蹈动作；能用声音或动作来表达、表现某种动物或物体；能发现和感知生活环境中的动物和花草树木等；喜欢摆弄水、沙、草等自然材料，并能感受物体的形状、颜色和质地等；会尝试使用手、脚等进行随意涂鸦	能学会成人教的简单动作，并根据音乐的节奏做动作；能和成人一起哼唱简单的歌曲；能使用各种颜色的橡皮泥，随意制作物品或动物形状；能够拿画笔随机画出不规则的点和线条	会唱 4～5 首简单的儿歌；能跟随音乐的旋律和节奏进行律动或跳舞
	喜欢色彩对比强烈的玩具或图片				能注视涂鸦时笔的运动方向，会在纸上画线条和圆
					能用积木、塑料玩具等拼搭出物品；能通过捏、团、撕、折等动作制作纸质作品；能使用泥巴、沙子等材料制作具体物品；能尝试自发的戏剧性表演和游戏，享受表现和创造的乐趣

不同月龄宝宝心理行为发育预警征象要点自我测评

月龄	预警征象	是否具备
6 月龄	1. 发音少，不会笑出声	□
	2. 紧握拳不松开	□
	3. 不会伸手及抓物	□
	4. 不能扶坐	□
8 月龄	1. 听到声音无应答	□
	2. 不会区分生人和熟人	□
	3. 不会双手传递玩具	□
	4. 不会独坐	□

续表

月龄	预警征象	是否具备
12 月龄	1. 不会挥手表示“再见”或拍手表示“欢迎”	□
	2. 呼唤名字无反应	□
	3. 不会用拇食指对捏小物品	□
	4. 不会扶物站立	□
24 月龄	1. 无有意义的语言	□
	2. 不会扶栏杆上楼梯/台阶	□
	3. 不会跑	□
	4. 不会用匙吃饭	□
30 月龄	1. 兴趣单一、刻板	□
	2. 不会说 2～3 个字的短语	□
	3. 不会示意大小便	□
	4. 走路经常跌倒	□

第三节 宝宝日常照护

照护者对宝宝照护的主要任务是通过一日生活安排，提供回应性照护、能力发展、营养膳食、健康管理、安全保障等照护服务，保障宝宝身心健康且全面发展。

1 一日生活安排

根据不同发育水平宝宝的生理、心理特点，合理安排一日的生活和活动，保证其在家庭或者托育机构内生活的规律性、稳定性，促进宝宝的身心健康和潜能发展。

- 对宝宝生活的主要内容，如睡眠、进餐、如厕、活动、游戏等每个生活环节和时间等给予合理安排。
- 保证宝宝充足的身体活动时间，注意动静结合、集体活动与自由活动结合、室内活动与室外活动结合，不同形式的活动交替进行。
- 培养宝宝自主进餐能力和良好的进食习惯，按照日托时间，合理安排喂奶、辅食和进餐。宝宝日间每 2～4 小时喂养一次；幼儿安排主餐和点心各 1～2 次，进餐时间 20～30 分钟/餐。餐后安静互动或散步时间 10～15 分钟，小睡时间依年龄而定。

· 宝宝每次受束缚（如在推车内、餐椅上）时间小于 1 小时，2 岁内宝宝不建议观看或使用电子屏幕（电视、视频、电脑或手机），2 岁以上宝宝静坐屏幕时间小于 1 小时 / 天，静坐时鼓励开展阅读绘本、讲故事等活动。

· 根据宝宝的年龄，结合季节变化和机构实际情况，参照宝宝一日生活活动时间分配表，制订一日生活作息。

一日生活活动时间分配表

月（年）龄	饮食		身体活动时间/小时	睡眠		
	喂养或进餐次数（正餐+点心）	喂养或进餐间隔时间/小时		日间次数/次	日间时间/（小时/次）	夜间/小时
6~9 月龄	5~6 次母乳 1~2 次固体食物	3~4，减少夜间喂养次数	≥1	2	1~2	10~12 （总 12~16）
9~12 月龄	3~4 次母乳 2~3 次固体食物	3~4，养成整夜睡眠习惯	≥1	2	1~2	10~12 （总 12~16）
1~2 岁	3+2 次	3.5~4	≥3	1~2	1.5~2.5	10~11 （总 11~14）
2~3 岁	3+2 次	3.5~4	≥3	1	2~2.5	9~11

· 宝宝自 3 ~ 6 月龄开始培养昼夜节律和自主入睡习惯，宝宝自 15 ~ 18 月龄开始，根据其发育能力，进行如厕训练等。

② 回应性照护

· 照护者应及时观察宝宝的动作、声音和语言表示，识别宝宝哭声，了解宝宝需求，并及时给予相应的语言、表情和动作回应，为宝宝提供与需求相匹配的喂养、睡眠、清洁护理和互动等照护。促进婴幼儿早期社交、情绪发展和安全型依恋关系的建立。

· 为宝宝提供温暖的、支持性的、有丰富环境刺激和互动的养育环境。根据不同年龄宝宝一日生活安排，在日常照护中（如进食、护理）融入眼神、语言和手势的交流，为宝宝提供敏感的、回应性的、可预测的、温情的、关爱的照护活动，并在日常生活中，为宝宝提供自喂食物、脱穿衣服等学习机会。

· 照护者应以温和、愉快的态度与宝宝互动，对宝宝进行不良行为约束时，态度坚定，但语调平静而温和。禁止一切忽视、粗暴、冲动或虐待宝宝的行为。

3 能力发展

· 根据宝宝不同发育水平，开展各种玩耍、游戏、唱歌、绘本阅读等活动，在活动中融入语言、手势和表情，使宝宝获得运动、语言认知、社会交往和情绪调控、艺术表现等能力的最佳发展。

· 根据宝宝不同发育水平，开展不同的身体活动和体格锻炼，促进宝宝的感知觉，运动（力量、平衡、协调、灵活性），手的精细动作，手眼协调等能力的发展。

4 营养膳食

根据宝宝生理需求，按照标准规范制订宝宝膳食计划，参照宝宝食物摄入量和餐次参考表，合理做好宝宝膳食安排。

▶ 宝宝食物摄入量和餐次参考表

项目	6 个月	7～9 个月	10～12 个月	12～24 个月	24～36 个月
母乳喂养	按需喂母乳并开始添加辅食	每天 4～6 次母乳	每天 3～4 次母乳	每天摄入母乳或液态奶 300～500ml	每天喝奶量 300～500ml
辅食添加	每天 1 次泥糊状食物	每天 1～2 次泥末状食物	每天 2～3 次碎的颗粒状食物、手指状食物	每天 3 次正餐、2 次点心	每天 3 次正餐、2 次点心
谷物杂粮	铁强化米粉、厚粥	厚粥、烂面片、软馒头片（30～50 克/天）	烂米饭、烂面、包子（50～75 克/天）	软米饭、馒头、面类（75～100 克/天）	米饭、饺子、饼等米面类（100～180 克/天）
动物类蛋白食品和豆制品	—	肉泥、鱼泥、肝/血、蛋黄（共 15～25 克/天）	肉末、肝/血、鱼、禽类（25～50 克/天），蛋 1 个	肉、鱼、禽类（50～75 克/天），蛋 1 个	肉、鱼、禽类（75 克/天），蛋 1 个，大豆及豆制品（25 克/天）

续表

项目	6 个月	7～9 个月	10～12 个月	12～24 个月	24～36 个月
蔬菜水果	菜泥、果泥	菜末、果泥（共 45～75 克/天）	碎菜（50～100 克/天）、水果（20～50 克/天）	碎菜（100～200 克/天）、水果（50～100 克/天）	蔬菜（150～250 克/天）、水果（100～150 克/天）

注：本表参考《实用儿童保健学》、国家妇幼中心《养育风险咨询卡》。

宝宝满 6 月龄开始添加辅食，鼓励母亲继续坚持母乳喂养，母乳喂养次数逐渐从每日 5～6 次减少至 3～4 次，辅食从开始时每日 1 次，至 7～9 月龄增加至每日 2 次，10～12 月龄每日 2～3 次。首先添加强化铁米粉，适应后添加蔬菜泥、果泥，再逐渐添加瘦肉、肝泥、蛋、鱼等动物性食物。每添加一种新的食物应观察 5～7 天，注意有无过敏或不良反应。食物质地从泥糊状逐渐转换成泥末状，至 10～12 月龄转换至颗粒（小块状）或指状固体食物。辅食制作尽量无盐、少糖，不提供含糖饮料。

5 健康管理

健康检查

入托健康检查：宝宝进入托育机构前，需完成适龄的预防接种，经医疗卫生机构健康检查，合格后方可入托；离开托育机构 3 个月以上的，返回时须重新进行健康检查。

定期健康检查：按照基本公共卫生服务“0～6 岁儿童健康管理规范”要求，宝宝满 3、6、8、12、18、24、30、36 月龄的，在所在辖区基层医疗卫生机构进行健康检查。

晨午检查及全日健康观察：做好宝宝在托期间的检查和巡查，发现问题及时处理。每日巡视 2 次，发现患病、疑似传染病宝宝应当尽快隔离并与家长联系，并追访诊治结果。

健康体格锻炼

1 岁内宝宝以各种方式进行身体活动，尤其鼓励地板上的玩耍互动，让清醒时的宝宝每天趴卧至少 30 分钟，可分次进行。

1～2 岁宝宝每天至少有 3 小时各种强度的身体活动。

2～3 岁宝宝每天至少有 3 小时各种强度的身体活动，其中至少 1 小时为中高强度活动。

活动中注意宝宝精神状态、出汗量和对身体活动的反应；活动后及时更衣，注意观察其精神、食欲、睡眠等状况。

健康教育

根据不同季节、疾病流行等情况，制订全年健康教育工作计划，并组织实施。

健康教育的内容包括宝宝营养、回应性照护、早期发展促进、交流与玩耍、心理卫生、疾病预防、宝宝安全以及良好行为习惯的培养等。

6 安全保障

- 各项活动应当以宝宝的安全为前提，建立定期机构内部安全排查制度、接送管理制度、应急突发事件处理制度等，落实预防宝宝伤害的各项措施。
- 宝宝睡眠时头部和脸部不宜遮盖，避免引起窒息，不宜把宝宝单独留在澡盆或没有围栏的小床中，以防呛水、溺水、跌落等意外伤害。
- 喂奶后将宝宝竖抱拍嗝、侧卧，预防乳汁吸入导致窒息。
- 宝宝生活、活动场所不宜放置轻薄的塑料布或塑料袋。
- 热水壶、暖瓶、药品、清洁消毒用品等均放置于宝宝不可触及的专用地方，插座、电线等有专门防护，避免烫伤、烧伤、触电、中毒等事故。紫外线杀菌灯的控制装置应单独设置，并应采取防误开措施。
- 任何活动项目均要有工作人员关注宝宝的安全，避免误咽、误吸各种小物件，或发生误伤等行为。

第二章

感知课程

第一节 · 艺术创游

第二节 · 二十四节气

第三节 · 本草国历

第四节 · 数学启蒙

第一节 | 艺术创游

具体照护服务方案

方案1 小毛球历险记（6个月+）

方案目标

婴幼儿发展目标：

1. 将毛球放入要粘贴的区域内，锻炼抓握技能。
2. 增强肌肤触觉，体验粘贴游戏的快乐。

照护服务者目标：

1. 照护者用语言和动作引导宝宝将毛球放入要粘贴的区域内。
2. 促进母婴间的交流，传递亲子感情。

方案环境

在玩具架、桌面上随意摆放成品；成品包装成不同体积大小和密度的小礼物。

注意事项：宝宝拿捏小毛球遇到困难，照护者可以握住宝宝的手协助操作；游戏结束后，照护者给予宝宝游戏成果的肯定。

方案互动

1. 出示小毛球制作的小礼物，送给宝宝，引起宝宝的兴趣。
2. 让宝宝捏、玩不同颜色的小毛球，让宝宝身体的各个部分去感受小毛球的质感。
3. 将卷纸筒、纸杯、纸盘、原木片、鞋盒、相框、奶罐贴好双面胶，和宝宝一起将表面的白纸揭开，做好粘贴的准备。
4. 与宝宝一起将小毛球粘贴在各种盒子、罐子等物品上，引导宝宝将小毛球粘在有胶的地方。

5. 感受和欣赏小毛球粘贴的作品，鼓励宝宝将小礼物送给家人。

活动延伸

照护者将宝宝做好的成品摆成直线或者 S 形，并牵着宝宝沿着线走，来一次“小毛球历险”。

方案2 洗刷刷（10个月+）

方案目标

婴幼儿发展目标：

1. 锻炼抓握技能。
2. 用牙刷头在指定区域蘸颜料和刷颜料，感受涂鸦的快乐。

照护服务者目标：

1. 教宝宝用牙刷头在指定区域蘸颜料和刷颜料。
2. 防止颜料溅入眼睛、口鼻。

方案环境

在户外准备相对大的涂鸦墙和涂鸦地面；室内涂鸦区用线条画出宝宝可识别的形象；操作时可播放宝宝喜欢的音乐。

注意事项：宝宝操作时，照护者要注意观察，防止牙刷戳到眼睛；对于第一次拿牙刷的宝宝，可以多一些练习时间；游戏结束后，和宝宝一起收拾游戏材料，对成果给予肯定。

方案互动

1. 宝宝练习抓握牙刷，不蘸颜料到处刷，模拟刷的动作，注意刷头不要对着自己或他人。
2. 教宝宝蘸颜料和在指定区域内任意刷，可以发出拟声词“唰”；提醒宝宝颜料要蘸多一点，不要刷到自己口、鼻、脸或身上。

3. 有意识地教宝宝体验“点”（敲打）、“甩”和朝不同方向刷的方法，注意不要戳到眼睛，防止颜料飞溅；宝宝和照护者共同完成涂鸦作品。
4. 和宝宝共同收拾整理环境和材料，将作品展示到合适的地方。

方案3 掷色趣多多（10个月+）

方案目标

婴幼儿发展目标：

1. 锻炼宝宝抓握和投掷的技能。
2. 感受掷色和冲洗的快乐，体验颜色扩散带来的视觉冲击。

照护服务者目标：

1. 教宝宝将蘸好颜料的纸团掷出，促进母婴间的语言交流，传递亲子感情。
2. 对宝宝的口鼻做好安全防护。

方案环境

干燥、安全的浴室；操作时可播放宝宝喜欢的音乐。

注意事项：宝宝投掷力度弱，照护者可以多一些示范和参与，帮助消除宝宝挫败的情绪；游戏结束后，照护者和宝宝一起冲洗墙面或地面。

方案互动

1. 与宝宝一起捏许多个纸团，尽量揉软捏紧，做好准备工作。
2. 将纸团和颜料盘拿到浴室，做示范，用纸团蘸颜色投向浴室墙面。
3. 宝宝模仿操作，开始游戏。用语言和动作鼓励宝宝自己蘸满颜色投掷，可引导宝宝根据投掷的熟练程度调整投掷方向，根据视觉效果来调整投掷的颜色和密度。
4. 将投掷的色彩作品拍照保存，然后与宝宝一起冲洗浴室，注意做好防滑工作。

方案4 小滴管旅行记（18个月+）

方案目标

婴幼儿发展目标：

1. 锻炼抓握和挤的技能，促进手眼协调。
2. 体验颜料流动带来的视觉冲击。

照护服务者目标：

1. 教宝宝用滴管吸、挤颜料到纸箱上。
2. 做好安全防护工作，防止宝宝误食颜料和颜料误入口鼻。

方案环境

将大纸箱放在桌上或地上；在操作室循环播放水流淌的视频和舒缓的音乐。

注意事项：当宝宝抓挤滴管遇到困难，照护者及时参与游戏，消除宝宝的烦躁情绪；对于第一次玩此游戏的宝宝，可以多用空滴管进行操作练习；游戏结束后，和宝宝一起收拾游戏材料，并给予宝宝游戏成果的肯定。

方案互动

1. 拿出空的塑料滴管，让宝宝抓和挤，锻炼手部小肌肉。
2. 做示范，宝宝练习用空滴管滴清水到指定目标物品上，练习手眼协调。
3. 出示颜料盒，和宝宝一起认颜色，随机认1～3种即可。
4. 协助宝宝用滴管吸颜料后滴到大纸箱上，尽量不滴到自己身上。
5. 将滴满颜料的纸箱翻过来，继续体验挤颜料、滴颜料的快乐。
6. 用清水清洗滴管等材料，可继续练习抓和挤。

活动延伸

纸箱晾晒或者阴干后可继续在上面用滴管作画；用细麻绳做成梯子，将宝宝的作品用木夹夹好，吊挂到室内装饰房间。

方案5 纸宝宝本领大（10个月+）

方案目标

婴幼儿发展目标：

1. 锻炼抓握和手眼协调的能力。
2. 感受颜色吸附带来的视觉冲击。

照护服务者目标：

1. 协助宝宝将纸浸入颜料水中并提起，促进亲子感情。
2. 做好安全防护工作，防止宝宝误食颜料和颜料误入口鼻。

方案环境

操作区域最好设在瓷砖地面，放一些吸附过颜料的成品装饰周围环境。

注意事项：不同的纸吸水效果不同，照护者要自己先操作控制火候；宝宝从水中提起纸遇到困难，照护者可以协助操作，解除宝宝烦躁不安的情绪；结束后和宝宝一起冲洗水盆或浴缸，适当玩水也无不可。

方案互动

1. 给宝宝若干张纸，自由探索纸张的质感，如摸、捏、揉、撕、叠等。
2. 教宝宝双手拿纸，玩“举高高”游戏：宝宝双手拿纸，听指令举向不同的方向。
3. 将颜料滴到有水的水盆（或浴缸）内，用语言和动作指导宝宝将纸放入水底，然后轻轻拿起纸将水面的颜料吸附在纸上。可以站在宝宝身后，握住宝宝的手，一起将纸从有颜料的水中缓缓提起来。
4. 尝试用几种不同的纸来玩游戏，体验水中玩纸的快乐，感受颜色吸附在纸上的美感。
5. 鼓励宝宝独自游戏，照护者适时观察，适时参与游戏。

活动延伸

照护者与宝宝一起将浸染颜色的纸放到露台或户外草地晾干，收回后可加装饰边框进行展示，或者折成纸花等。

方案6 好玩的印章（10个月+）

方案目标

婴幼儿发展目标：

1. 锻炼抓握和手眼协调的能力。
2. 体验盖印章的快乐。

照护服务者目标：

1. 协助宝宝蘸颜料并将颜料盖在指定区域内，防止宝宝移动“印章”将已经印画好的图案混成一团。
2. 和宝宝一起做准备和整理工作，促进亲子感情。

方案环境

几何形状、动物和植物轮廓的画架摆放在操作区内。

注意事项：宝宝在蘸颜料遇到困难时，照护者要了解是操作的问题还是材料的问题，帮助宝宝解决问题，而不是让宝宝为难；对于第一次玩此游戏的宝宝，照护者应多参与指导。

方案互动

1. 出示蔬果根或其截断面做成的“印章”，与宝宝一起摸一摸、玩一玩。
2. 练习将“印章”往纸上盖和拿起来的操作，提高准确性。
3. 引导宝宝将“印章”放入颜料盒中蘸颜料，然后将蘸好颜料的“印章”盖在白纸上。
4. 协助宝宝按某种规律（如顺序排列、交错排列等）来进行印画。

活动延伸

待画纸晾干后，将画纸剪成云朵形状，悬挂在操作区内。

方案7 喷壶笑哈哈（12个月+）

方案目标

婴幼儿发展目标：

1. 锻炼抓握和手眼协调的能力。
2. 体验喷色的快乐和颜色流动带来的视觉冲击。

照护服务者目标：

1. 协助宝宝对准目标再喷，注意不要喷到眼睛或口鼻处。
2. 促进母婴间的肢体交流，传递亲子感情。

方案环境

干燥、安全的浴室；播放轻快的音乐。

注意事项：宝宝可能会因为控制不好喷壶而喷到别处，造成周围环境混乱，照护者不应责怪，可以多练习对准目标喷的技能；游戏结束后一起收拾整理。

方案互动

1. 多准备几个装了清水的喷壶，每个喷壶的瓶盖里挤一种颜料，不让宝宝发现。
2. 播放音乐，引导宝宝拿起喷壶上下摇，让宝宝观察清水变颜料水的全过程。
3. 照护者示范喷水的动作，引导宝宝握捏喷壶、对准目标喷（注意不要将颜色喷到宝宝眼睛或口鼻内）。
4. 宝宝和照护者一起洗喷壶，体验握捏、冲洗的快乐。

活动延伸

照护者用白纸将墙面上的颜料拓印下来，晾干后在宝宝操作区展示。

方案8 五彩的羽毛（18个月+）

方案目标

婴幼儿发展目标：

1. 锻炼手眼协调的能力。
2. 体验调色、刷色和印画的快乐。

照护服务者目标：

1. 引导宝宝将羽毛蘸满颜料，并轻轻放在纸上。
2. 做好安全防护工作，防止羽毛戳到宝宝眼睛或口鼻。

方案环境

羽毛散落在操作室内，或者插在花瓶和花篮里；播放舒缓的轻音乐。

注意事项：刚开始操作时可能因为种种原因印不出好看的羽毛痕迹，照护者可以及时参与和鼓励宝宝，消除宝宝的畏难情绪；如果宝宝想拿着羽毛画或者拖出一些痕迹，也可以鼓励尝试。

方案互动

1. 照护者将颜料挤到调色盘内，用语言和动作指导宝宝调色。
2. 引导宝宝拿住羽毛的梗，用羽毛在颜料盘来回蘸颜料，尽量蘸满。
3. 将蘸满颜料的羽毛轻轻放在纸上，尽量一次成功，不要再移动位置。
4. 在羽毛上面再盖一层纸，用手轻轻按压，使颜料印在纸上。
5. 将上面的纸轻轻揭开，继续印，可以印多张作品。

活动延伸

照护者与宝宝一起将晾干的画收集起来，放到操作区展示。

方案9 美术馆奇遇记（18个月+）

方案目标

婴幼儿发展目标：

1. 能指出自己喜欢的作品，初步感受艺术品的美。
2. 体验参观和游玩的快乐。

照护服务者目标：

1. 照护者要做好参观的攻略和安全预案，做好充足的安全和照护准备。
2. 促进母婴间的交流，传递亲子感情。

方案环境

送给宝宝一个信封（内装门票），美术馆宣传海报粘贴到室内。

注意事项：当宝宝对作品不感兴趣时，照护者不应着急，可以让宝宝自己转转、做自己感兴趣的事情；要注意遵守公共场所的规则，不大声喧哗，不乱扔垃圾等，鼓励宝宝的文明行为。

方案互动

1. 照护者和宝宝一起做好出门前的准备工作。
2. 让宝宝看美术馆宣传册，讲解内容，激发宝宝参观的兴趣。
3. 按既定参观路线带领宝宝参观，遇到宝宝感兴趣的事物或作品，就陪宝宝驻足多看看。告诉宝宝参观时要安静，用眼睛欣赏每一个作品，小手不要触碰艺术品。

注意：要做好宝宝饮食、卫生、安全的护理工作，注意遵守公共场所的规则。

活动延伸

利用晨间、晚间休息时间，照护者与宝宝交流参观的感受。

方案10 玻璃球对对碰（18个月+）

方案目标

婴幼儿发展目标：

1. 锻炼手眼协调的能力。
2. 体验玻璃球滚动带来的快乐。

照护服务者目标：

1. 协助宝宝在保持盒子平衡的同时让玻璃球来回滚动。
2. 防止宝宝吞食玻璃球，避免颜料溅入宝宝眼睛和口鼻。

方案环境

糖果盒内装玻璃球，玻璃瓶里放玻璃球，鱼缸里放玻璃球，将以上容器蒙上布。

注意事项：宝宝对玻璃球碰撞和滚动的兴趣会大于创作的兴趣，照护者要及时帮助宝宝操作，获得成功的体验；游戏结束后，和宝宝一起收拾游戏材料，注意不要破坏画面。

方案互动

1. 宝宝练习将玻璃球从各种容器里拿出来再放回去，锻炼手眼协调能力。
2. 协助宝宝将玻璃球从容器里拿出来放入调色盒，蘸满颜料后再将玻璃球放入垫了白纸的盒子里。
3. 用语言和动作指导宝宝双手端稳盒子，让玻璃球来回滚动，体验滚动玻璃球的快乐。
4. 提醒宝宝观察滚动的颜色线条轨迹，感受颜色交织的美。
5. 和宝宝一起晾晒作品，清洗玻璃球，收拾场地和材料。

活动延伸

照护者将画纸粘起来，做成布娃娃的花被子。

方案11 小小蛋糕师（12个月+）

方案目标

婴幼儿发展目标：

1. 锻炼宝宝手部抓握的力量和手眼协调的能力。
2. 感受立体线条美。

照护服务者目标：

1. 协助宝宝将颜料从管里挤出到指定的物体表面。
2. 防止宝宝误食颜料和将颜料弄到眼睛和口鼻里。

方案环境

操作室内布置线条画，气球内装少量的水（供宝宝捏玩）挂在宝宝可以触碰的位置，播放舒缓的音乐。

注意事项：该活动最好是选在某个家人或朋友要过生日的时候进行，这样氛围更好、仪式感更强。

方案互动

1. 宝宝抓握装水的气球，自由玩耍，锻炼小肌肉力量。
2. 示范将颜料从管里挤出到盒子里，假装做蛋糕的裱花，激发宝宝兴趣。
3. 宝宝尝试将颜料挤出到盒子上，变成“点”和“线”，感受不同颜色立体线条叠加的美。
4. 和宝宝一起唱生日歌，感受过生日的氛围。

活动延伸

照护者将宝宝做好的“蛋糕”按从小到大的顺序叠加起来，做成蛋糕塔。

方案12 漂亮的妈妈（18个月+）

方案目标

婴幼儿发展目标：

1. 认识几种蔬菜，感受创作的乐趣。
2. 以蔬菜为载体激发宝宝的想象力。

照护服务者目标：

1. 激发宝宝的多种感官参与认识各种蔬菜，防止宝宝吞食果蔬材料。
2. 促进语言、情感交流，传递亲子感情。

方案环境

用篮子装满萝卜、白菜摆放在操作台上；妈妈的照片摆放在操作台上。

注意事项：对宝宝来讲，蔬菜和妈妈的形象进行关联有一定难度，不能着急，要循序渐进；也不用强迫宝宝用语言去表达，宝宝参与即可。

方案互动

1. 引导宝宝欣赏用蔬菜做的装饰品，如发卡、头饰、项链、耳环等。
2. 宝宝和妈妈可以将喜欢的蔬菜装饰品挂在自己身上，边挂边认识这些蔬菜，注意轻拿轻放。
3. 协助宝宝选择自己喜欢的蔬菜，做好操作准备。
4. 请宝宝将选好的蔬菜贴近妈妈的五官进行比较，并观察形状和大小。
5. 协助宝宝用蔬菜拼出一张妈妈的脸。
6. 让宝宝自己选择喜欢的彩色笔，用语言引导宝宝将妈妈的脸和五官线条画出来，画一个漂亮的妈妈。

   注意：不要让蔬果汁流出来污染作品，不要让宝宝吞食蔬果。

活动延伸

照护者与宝宝将妈妈的画像用相框装好并展示出来；宝宝还可以画家庭的其他成员。

方案13 小汽车嘟嘟（18个月+）

方案目标

婴幼儿发展目标：

1. 激发宝宝自主作画和创作的热情，锻炼手眼协调的能力。
2. 感受开汽车游戏的快乐。

照护服务者目标：

1. 引导宝宝边画边认识汽车的各个部分。
2. 陪伴宝宝玩开汽车的游戏，促进肢体、语言交流，传递亲子感情。

方案环境

收集大纸箱进行造型摆放，将家里的小汽车玩具放在旁边作为绘画参考；播放轻松的音乐。

注意事项：纸箱足够大的话更有利于宝宝放开手脚大胆作画；照护者可以和宝宝一起参与创作，模仿宝宝的创作更容易激发宝宝的创作欲望。

方案互动

1. 将大纸箱进行剪切造型，挖出车门、车窗，让宝宝提前进去游戏，熟悉小汽车的各个部分。
2. 宝宝穿上罩衣，选择自己喜欢的排笔或者刷子，给车厢刷颜色，感受颜色层叠的美。
3. 与宝宝谈论有关汽车的话题，用语言引导宝宝添画车灯、车轮等图案。
4. 协助宝宝钻进纸箱汽车，陪同宝宝一起玩开汽车的游戏。

活动延伸

宝宝站在作品旁边，照护者给宝宝与作品拍照；将小汽车“开”出家门，和其他小伙伴一起游戏。

方案14 小木夹总动员（18个月+）

方案目标

婴幼儿发展目标：

1. 学习将小木夹一个一个连接的技能，感受连接的乐趣。
2. 锻炼小肌肉和手眼协调能力。

照护服务者目标：

1. 引导宝宝以木夹为载体进行联想和连接。
2. 安全操作小木夹。

方案环境

各类木夹拼接成不同图形（如圆、正方形、长方形等）摆放在操作台上。

注意事项：当宝宝连接木夹遇到困难时，照护者可以帮助和参与，消除宝宝的烦躁情绪；鼓励宝宝按自己的意愿连接和联想。

方案互动

1. 将木夹连接成圆形、长条形等给宝宝玩，可以让宝宝拆了再连接。
2. 宝宝尝试将小木夹连接成任意图形，练习夹的技能。
3. 协助宝宝将小木夹连接成自己想要的物品。
4. 引导宝宝使用辅助材料（如纸、玩具等）进行创意连接。
5. 引导宝宝在连接的时候使用规律排列的方法，如波浪线等。

注意：不要夹到手。

活动延伸

照护者将宝宝的作品拍下来，做成电子相册。

方案15 我是小工匠（10个月+）

方案目标

婴幼儿发展目标：

1. 学习正确使用工具，感受捶捶打打的快乐。
2. 锻炼宝宝手眼协调的能力。

照护服务者目标：

1. 引导宝宝看敲打变形后的造型，展开想象，促进亲子交流。
2. 教宝宝安全使用工具，不能将气球放入口中。

方案环境

气球随意摆放，泥塑造型摆放在操作台上；播放音乐。

注意事项：在初次敲打超轻黏土时，宝宝控制能力不够，照护者可以扶着宝宝的手一起敲打。当超轻黏土已经捶打得很薄的时候，照护者可以将它捏拢让宝宝继续捶打。

方案互动

1. 将响锤给宝宝把玩，练习敲打的动作。
2. 把超轻黏土揉捏均匀，将揉好的泥块放到气球内，封口。
3. 做敲打示范，同时可以发出“打”“敲”的音。
4. 宝宝拿响锤敲打泥块，照护者及时观察，并给予肯定。
5. 宝宝敲打有困难时，照护者可握住宝宝的手一起捶打目标。
6. 将敲打后的作品摆放欣赏、拍照留存。
7. 游戏结束，照护者与宝宝一起收拾游戏材料。

活动延伸

照护者与宝宝一起将塑形后的泥块晒干，摆放到一次性纸盘内，展示在操作区内。

方案16 冰块乐多多（18个月+）

方案目标

婴幼儿发展目标：

1. 锻炼宝宝手眼协调的能力，体验用颜色冰块作画的快乐。
2. 感受颜色层叠和渗透的美感。

照护服务者目标：

1. 引导宝宝发现冰块融化的现象，防止宝宝将冰块放入口中。
2. 控制宝宝抓冰块的时间，不要让宝宝冻伤。

方案环境

将星空、大海、麦田、山川等图片布置在操作室内。

注意事项：让宝宝抓握冰块要循序渐进，既不能使他害怕退缩，也不能太大胆冻伤自己，照护者要注意把握节奏和分寸；在冻冰块、拿出冰块的时候要保持神秘感，激发宝宝操作的兴趣。

方案互动

1. 用语言引导宝宝将颜料挤入制冰盒，用排笔搅拌均匀，放入冰箱冷冻。
2. 当冰块制成，照护者将冰块拿出，放到画纸上缓慢滑动，冰水慢慢沾满画纸形成轨迹。
3. 宝宝用手抓冰块在纸上缓慢移动，自由游戏，照护者及时观察与指导。
4. 对于低月龄宝宝，照护者直接参与游戏，帮助宝宝完成画作。

注意：冰块要让宝宝抓一会儿歇一会儿，避免冻伤，还要避免误食。

活动延伸

照护者将宝宝的作品粘在一起，可添加小星星灯，做节日装饰。

第二节 | 二十四节气

具体照护服务方案

方案1 立春——迎春花（18个月+）

方案目标

婴幼儿发展目标：

1. 宝宝心情愉快地到户外找迎春花。
2. 训练宝宝抓握迎春花，增强肌肤触觉。

照护服务者目标：

1. 照护者带宝宝找到迎春花。
2. 能用语言和动作引导宝宝触摸、抓握和抛撒迎春花。

方案环境

宝宝熟悉的社区或户外环境，且有盛开的迎春花。

室内可以插数枝迎春花进行装饰。

注意事项：关注天气温度，做好宝宝到户外玩耍的护理工作，避免感冒；对花粉过敏的宝宝可以用假花代替。

方案互动

1. 为宝宝做好早春的防寒护理工作，选择适宜天气到户外。
2. 用语言、动作引导宝宝感知和发现黄色的迎春花。
3. 用手捡一捡，玩一玩，闻一闻迎春花瓣和花枝。
4. 用语言、动作引导宝宝模仿照护者的动作。
5. 将花瓣收集起来，放入竹篮或者袋子里，引导宝宝模仿抓握迎春花的动作。
6. 抛撒花瓣，再一起捡起来，让宝宝感受迎春花瓣飘落。

活动延伸

将枯和烂的花瓣清扫倒掉或者埋进土里，有条件的话可以将花瓣烘干保存。

方案2 雨水——亲亲小雨点（18个月+）

方案目标

婴幼儿发展目标：

1. 增强宝宝对环境的适应能力。
2. 增强宝宝对外界温度的触觉。

照护服务者目标：

1. 亲子间的愉快交流，鼓励宝宝用多种玩法玩雨。
2. 提高照护者对宝宝的照顾能力，增强宝宝身体对外界环境的适应能力。

方案环境

社区中宝宝熟悉的生活环境，有积水的地方。

注意事项：关注天气温度，做好宝宝到户外玩耍的护理工作，避免感冒；不要过多引导宝宝玩雨，鼓励宝宝按照自己的意愿玩雨；游戏结束后到室内给宝宝喝一碗热汤。

方案互动

1. 下雨天，照护者和宝宝穿好雨衣、雨鞋一起到户外嬉雨。
2. 照护者和宝宝在雨中随意玩：听一听，看一看，接一接，踩一踩，跳一跳，滚一滚，打水枪，接雨水等。
3. 跟着宝宝一起寻找有积水的地方，踩一踩。“大雨淅沥沥，小雨滴滴答”，边踩水边体验节奏和轻重的不同。
4. 用语言引导宝宝说说雨中、雨后周围温度、植物、地面的变化。
5. 活动结束后，带领宝宝一起收拾雨具，及时检查宝宝衣物并给宝宝喝碗热汤，暖暖身体。

活动延伸

雨水节气期间多鼓励宝宝到户外玩雨，感知天气变化，增强宝宝对环境的适应能力。

方案3 惊蛰——桃始华（18个月+）

方案目标

婴幼儿发展目标：

将花瓣放进指定罐子中，发展手眼协调能力。

照护服务者目标：

1. 热爱大自然，了解惊蛰节气的物候特点。
2. 把宝宝带到桃花盛开的地方，能用语言和动作引导宝宝用手抓或捏取花瓣。

方案环境

宝宝熟悉的社区或户外环境，且有盛开的桃花。

室内摆放桃花插花、桃花干花。

注意事项：关注天气温度，做好宝宝到户外玩耍的护理工作，避免感冒；如宝宝对花粉过敏可换假花，不要让宝宝把花放进嘴里。

方案互动

1. 为宝宝做好早春的护理工作，拿上竹篮到户外。
2. 带宝宝来到桃花树下，鼓励宝宝模仿照护者的动作，如用手摸一摸，捡一捡，玩一玩，闻一闻等。
3. 摇一摇桃树，宝宝坐在树下再次用手抓握、捡桃花，照护者引导宝宝将桃花放进竹篮中。
4. 将桃花洗干净晾晒，鼓励宝宝模仿照护者的动作一起洗、晒桃花。
5. 将花瓣放在宝宝面前，鼓励宝宝捏取花瓣，分别放进两个密封性能不同的瓶子或盒子中。

   ① 用食指和拇指捏取或用五指抓握花瓣，放进瓶子或盒子中。

   ② 用语言、表情引导宝宝模仿照护者的动作。
6. 往装了桃花瓣的透明瓶子或盒子中倒入食用油并密封起来，每天和宝宝一起观察瓶中的变化，并将自己的发现讲述给他人听。

活动延伸

将部分桃花放进烤箱中进行加温烤干，用香囊袋将干桃花装起来，挂在宝宝床头，宝宝可以每天抓握桃花香囊。

方案4 春分——春种忙（24个月+）

方案目标

婴幼儿发展目标：

练习用手拿水壶或沐浴喷水玩具每天给麦苗浇水，发展宝宝双手的协调能力。

照护服务者目标：

1. 了解育苗盆种植的方法，在种植过程中防止宝宝吞食种子。
2. 随着宝宝一起观察小麦的生长，做好麦苗的养护工作。

方案环境

在家中阳台、托育中心等地的操作台等安全的地方。

方案互动

1. 和宝宝一起穿上小围裙，通过语言引导宝宝观察认识种子。
   ① 宝宝自己动手穿上小围裙。
   ② 告诉宝宝这是麦苗种子，请宝宝模仿说出麦苗种子。
   ③ 照护者用眼睛看一看、用手捏一捏，请宝宝模仿动作，告诉宝宝麦苗种子是黄色的、硬硬的、小小的。
2. 用语言和动作引导宝宝用勺将种子撒到育苗盆上。
   ① 用勺将种子舀进育苗盆铺平放好。
   ② 用语言引导宝宝模仿撒种子。
3. 每天用语言和动作引导宝宝用手抓握喷水玩具或用小水壶浇水，浇完水后将喷水玩具按照指令放到指定地方。
   ① 用手拿着水壶或喷水玩具给麦子浇水，边浇水边用语言引导宝宝模仿浇

水的动作。

② 宝宝在引导下用手抓握喷水玩具或小水壶，对着育苗盆浇水。

③ 宝宝浇完水后把喷水玩具或小水壶放到指定地方。

4. 每天和宝宝一起观察麦子的变化，做好发芽记录，并讲述给宝宝听。

活动延伸

等麦苗长起来了，照护者和宝宝把麦苗剪掉榨汁。

方案5 清明——猜猜我的小青团（24个月+）

方案目标

婴幼儿发展目标：

1. 愿意品尝软软的青团。
2. 运用各种感官认识不同口味的青团，发展宝宝感知能力。

照护服务者目标：

了解清明节习俗，会制作不同口味的青团。

方案环境

在家庭中小厨房、托育中心等地的操作台等安全的地方。

室内摆放漂亮、可口的青团。

注意事项：青团大小要适中，防止宝宝吃青团噎着。

方案互动

1. 和宝宝穿上罩衣，宝宝自己洗干净双手。
2. 通过语言、动作、表情引导宝宝认识青团。

① 用语言、动作引导宝宝看一看、闻一闻、抠一抠、咬一咬不同口味的青团。

② 宝宝模仿照护者说出咸咸的、甜甜的、软软的。

3. 和宝宝一起玩感官游戏。

为宝宝准备大小适中的青团，便于宝宝用手捏取品尝，宝宝在引导下品尝青团，鼓励宝宝简单说说青团口味或指认自己喜欢的青团。

活动延伸

照护者为宝宝制作其他口味青团邀请宝宝进行品尝。

方案6 谷雨——谷雨三朝蚕白头（24个月+）

方案目标

婴幼儿发展目标：

通过调整手指肌肉力量来采摘完整的桑叶，促进手部精细动作发展。

照护服务者目标：

1. 坚持每天定时跟着宝宝采摘桑叶，观察蚕宝宝的生长变化。
2. 了解蚕的饲养方法。

方案环境

在户外有桑树、宝宝熟悉的地方或在家庭中阳台、托育中心等地的操作台等安全的地方。

注意事项：在饲养过程中防止宝宝吞食或捏住蚕宝宝；在户外采摘桑叶时注意做好宝宝安全工作。

方案互动

1. 做好宝宝外出的防晒护理工作，宝宝自己抹上防晒油。
2. 每天定时带宝宝到有桑树的地方采摘桑叶。
   ① 和宝宝一起采摘桑叶，在采摘过程中用语言或动作引导宝宝学习调整手部力度抓握桑叶，采摘桑叶。
   ② 宝宝模仿照护者动作采摘桑叶。
   ③ 宝宝采摘成功，给予鼓励，增强宝宝自信心。
3. 每天和宝宝一起心情舒畅地喂养蚕宝宝。

4. 在喂养蚕宝宝过程中继续练习小手捏取、放开桑叶。
5. 和宝宝一起观察蚕宝宝的生长变化。
6. 和宝宝一起做好蚕宝宝生长变化记录，观察谷雨三朝蚕白头，每天讲述给宝宝听。

活动延伸

通过语言引导宝宝模仿蚕吃桑叶的动作。

方案7 立夏——蚯蚓出（18个月+）

方案目标

婴幼儿发展目标：

听照护者说出蚯蚓名称，会用手比画或用眼去看蚯蚓。

照护服务者目标：

1. 要有爱护小动物的情感。
2. 带宝宝到有蚯蚓的地方，能用语言和动作表情引导宝宝观察蚯蚓。

方案环境

在户外或社区绿地。

注意事项：关注天气温度，做好宝宝到户外防晒、防暑工作。

方案互动

1. 为宝宝做好外出的防晒、防暑护理工作。
2. 带着宝宝一起到潮湿阴凉的地方寻找蚯蚓。
3. 找到蚯蚓后，用语言、动作、表情引导宝宝去关注蚯蚓。

① 用铲子将爬出来的蚯蚓铲到宝宝跟前，并反复说：“蚯蚓爬，蚯蚓爬。”

② 宝宝听到声音、看到蚯蚓后会用手比画或用眼睛看蚯蚓。

③ 继续寻找蚯蚓，重复说“蚯蚓爬，蚯蚓爬”。

4. 用铲子将爬出来的蚯蚓送到阴凉潮湿的泥土中去。鼓励宝宝用手势跟蚯蚓表示再见。

活动延伸

下过大雨后带宝宝到户外继续寻找蚯蚓。

方案8 小满——抽丝剥茧（24个月+）

方案目标

婴幼儿发展目标：

用拇指和食指将蚕茧捏起，促进手部精细动作发展。

照护服务者目标：

1. 照护者了解抽丝剥茧的方法。
2. 用语言、动作引导宝宝触摸、捏起蚕茧，和宝宝一起体验抽丝乐趣。

方案环境

在家庭活动室或托育中心饲养区操作台等安全的地方。

方案互动

1. 做好宝宝安全护理工作，请宝宝坐在婴儿椅上。
2. 准备好用开水煮过的蚕茧，引导宝宝一起摸一摸、抓一抓、抠一抠、滚一滚、捏一捏蚕茧。
   ① 将蚕茧用红布遮起来，宝宝知道掀开红布找到蚕茧。
   ② 宝宝找到蚕茧后，用语言、动作引导宝宝摸摸、滚动、抠抠、抓抓、捏捏蚕茧。
3. 鼓励宝宝用拇指和食指将蚕茧捏起或捡起，放到竹篮中。
4. 将抽出丝来的蚕茧让宝宝捏住，继续抽丝，和宝宝一起体验抽丝的乐趣。
5. 活动结束后宝宝和照护者一起收拾场地。

活动延伸

将没有用完的蚕茧用瓶子装起来封好，便于以后再一起玩抽丝剥茧的游戏。

方案9 芒种——螳螂生（18个月+）

方案目标

婴幼儿发展目标：

听照护者说出螳螂名称，会用手比画或用眼去关注螳螂，锻炼宝宝反应力和专注力。

照护服务者目标：

1. 为宝宝做好饲养螳螂服务工作。
2. 了解螳螂的生活习性。

方案环境

菜地里或公园矮灌木丛中。

方案互动

1. 做好宝宝夏季防晒护理工作，为宝宝抹上防晒油和防蚊虫叮咬的花露水。
2. 带宝宝到菜园或公园矮灌木丛中寻找螳螂、捉螳螂。
   ① 让宝宝坐在婴儿车中，照护者在螳螂生活的周围寻找，在找的时候要告诉、安抚宝宝愉快等待。
   ② 发现螳螂后装入塑料瓶中。
3. 通过语言、表情、动作说出螳螂的名称，告诉宝宝螳螂的身体颜色、螳螂喜欢吃虫子，宝宝听到照护者声音会用手比画或用眼去看螳螂。
4. 将螳螂放到小竹笼中，和宝宝每天观察并喂食螳螂，不断让宝宝熟悉螳螂，提高宝宝关注力和反应力。

活动延伸

播放关于螳螂的视频资料，进一步了解螳螂的生活习性，并在喂养过程中愉快地讲给宝宝听。

方案10 夏至——找晷影（24个月+）

方案目标

婴幼儿发展目标：

观察晷影形状，用手抓晷影，提高宝宝反应能力。

照护服务者目标：

照护者了解平面日晷的工作原理，知道日晷是测定时刻的计时仪器。

方案环境

在户外或社区中阳光充足的空旷地方。

注意事项：关注天气温度，做好宝宝到户外玩耍的护理工作，避免中暑；对阳光过敏的宝宝可以选择在室内用手电筒代替光源。

方案互动

1. 做好宝宝防晒护理工作，宝宝来到阳光充足的户外。
2. 拿出用沙和动物形状晷针做好的平面日晷，和宝宝玩找动物影子的游戏。
   ① 利用动物剪影或布偶，和宝宝一起玩抓影子的游戏。
   ② 先拿出动物形状的晷针，要宝宝找动物晷针的影子。
   ③ 再拿出用沙和动物形状晷针做好的平面日晷，不停换动物形状的晷针，鼓励宝宝用手抓、捏、抠、找动物影子。
3. 继续玩找晷影游戏：当着宝宝把光用白纸遮挡起来，晷影消失，宝宝知道揭掉白纸能找到动物晷影。
4. 经常在晴朗的天气定时、定点和宝宝玩日晷找影子的游戏，不断巩固宝宝对日晷的认识，后期可以将晷针换成筷子或其他笔直的杆子。

活动延伸

播放关于日晷的视频资料，和宝宝一起观看。

方案11 小暑——农庄乐（18个月+）

方案目标

婴幼儿发展目标：

提升宝宝双手抓握、传递能力，锻炼手部动作协调性。

照护服务者目标：

1. 照护者了解小暑节气物候特征，做好宝宝户外游玩的护理工作。
2. 能用语言和动作引导宝宝触摸、抓握、传递农庄的瓜果、花朵。

方案环境

农庄中西瓜地或农庄中休息区的操作台。

室内可以放置一些新鲜的西瓜、荷花、莲蓬等。

注意事项：关注天气温度，做好宝宝到户外玩耍的护理工作，避免中暑、晒伤；对荷花过敏的宝宝可以选择假荷花。

方案互动

1. 做好宝宝防晒、防暑、防蚊的护理工作，在农庄中照看好宝宝。
2. 带宝宝一起采摘、品尝、划船，感受小暑节气温风至。
   ① 选择早上或一天中凉爽的时间段带宝宝到农庄游玩，在游玩过程中随时给宝宝补充水分。
   ② 带宝宝一起到瓜地采摘西瓜，操作台上掰莲蓬，凉亭里欣赏荷花。
   ③ 抓一抓、摸一摸、拍一拍西瓜，鼓励宝宝进行模仿。
   ④ 将西瓜轻轻滚给宝宝，宝宝用手抓住西瓜。
   ⑤ 玩传递莲蓬的游戏，边玩边用语言说，鼓励宝宝模仿双手传递莲蓬的动作。
3. 用布遮挡荷花、莲蓬，宝宝找一找荷花、莲蓬。
4. 宝宝将找到的莲蓬或荷花用手抓一抓，再两手相互传一传。
5. 将西瓜切成大小适宜的块，用语言、动作引导宝宝双手抓握品尝西瓜。
6. 及时做好吃完西瓜后的护理工作，晚上带宝宝出来捉蝈蝈。

活动延伸

1. 将捉到的蝈蝈带回家进行饲养。
2. 将采摘的莲蓬带回去和宝宝一起将莲子掰出来。

方案12 大暑——凤仙花开（24个月+）

方案目标

婴幼儿发展目标：

能准确捏取、放开花瓣，锻炼宝宝手眼协调能力。

照护服务者目标：

1. 带着宝宝找到凤仙花，了解凤仙花染指甲的方法。
2. 能用语言、动作和表情引导宝宝捏取、放开、捣碎凤仙花。

方案环境

在家庭活动室或托育中心等安全的操作台。

室内可以放置一盆凤仙花。

注意事项：对花粉过敏的宝宝可以用假花代替。

方案互动

1. 照护者和宝宝都穿上罩衣，做好宝宝护理工作。
2. 将花瓣撒在操作台上，宝宝抓一抓、捏一捏、找一找、捡一捡。
   ① 将花瓣抛撒在操作台上，用语言、动作、表情引导宝宝抓一抓、捏一捏凤仙花。
   ② 当着宝宝的面将花瓣藏起来，用语言、动作、表情引导宝宝去找找花瓣。
   ③ 将花瓣撒开，用语言、动作、表情引导宝宝将花瓣捡到一起。
3. 用语言、动作鼓励宝宝用食指和拇指捏取花瓣，放进石臼中，并及时给予声音或动作鼓励宝宝。

4. 用石臼捣花瓣，宝宝模仿其动作，将花捣成花泥，照护者敷在手上，用棉布包上，用线缠紧，半天后取下给宝宝看变色了的指甲。

活动延伸

和宝宝一起将没有用完的花瓣埋到花盆中。

方案13 立秋——“摸秋”大会（18个月+）

方案目标

婴幼儿发展目标：

练习五指抓握，锻炼手部动作协调性。

照护服务者目标：

了解“摸秋”民俗习惯，选择当季蔬菜，带宝宝参与“摸秋”大会。

方案环境

室内放置一些蔬菜，营造秋天的环境。

有当季蔬菜的农庄或菜地。

注意事项：照护者为宝宝做好防蚊虫、防晒护理准备，着装适宜；蔬菜去掉蒂以免划伤宝宝。

方案互动

1. 带宝宝到蔬果园，准备摸各种蔬菜。
2. 鼓励宝宝摸一摸、闻一闻、捏一捏、抓一抓新鲜蔬菜，在成人帮助下采摘蔬菜。
   ① 用语言、动作引导宝宝模仿“摸秋”的动作，重点练习手部抓握动作。
   ② 根据宝宝摸到的蔬菜说吉祥的话，如“宝宝摸到葱，聪明又伶俐；宝宝摸高粱，个子长得高”等。
3. 用语言、动作鼓励宝宝用抓握的方法捡起掉落在地上的蔬菜，并放进篮子中。

4. 带宝宝一起玩摸箱的游戏，游戏中用语言、动作引导宝宝将摸到的蔬菜抓握出来，放入篮子中。
5. 和宝宝一起品尝抓握到的蔬菜，对宝宝讲讲“摸秋”的风俗习惯。

活动延伸

把蔬菜藏在家里不同的地方，鼓励宝宝寻找。

方案14 处暑——栽白菜（18个月+）

方案目标

婴幼儿发展目标：

心情愉悦地参与种植，锻炼手部肌肉控制力。

照护服务者目标：

了解处暑节气农事活动，知道处暑节气种植白菜，能带宝宝开展种植活动。

方案环境

在户外或者家庭、托育中心的阳台上准备一个花箱，日照充足。

活动过程中，照护者注意保护宝宝，手不揉眼睛，不让工具伤害到身体，确保安全。活动结束后，及时为宝宝洗手。

方案互动

1. 带宝宝系上小围裙，用铲子将播种地进行翻土。
2. 用语言、动作鼓励宝宝把白菜种子撒在花箱里、盖上泥土。
3. 带宝宝每天坚持为白菜苗浇水、施肥、除草，观察发芽生长情况。
   ① 为种子浇水，鼓励宝宝寻找水壶，独立抓握水壶，练习“浇水”的动作，锻炼小手肌肉力量与协调性。
   ② 将营养液倒入小水壶中，鼓励宝宝给白菜施肥。
   ③ 问宝宝：“还有哪里没有浇水？”宝宝浇完水后，照护者给予宝宝爱的鼓励。

4. 拍图记录白菜的生长过程，每天给宝宝讲讲白菜的变化。

活动延伸

照护者拍照将白菜的生长过程展示出来，定期给宝宝看看、讲讲。

方案15 白露——桂花香（18个月+）

方案目标

婴幼儿发展目标：

通过抓、捏、撒、闻，促进感知发展。

照护服务者目标：

了解“白露打桂花”的习俗，知道白露节气物候变化。

方案环境

选择户外茂盛的桂花树下开展活动，便于宝宝直观观察。

捡一些桂花枝条插在花瓶中，启发宝宝的视觉美感。

注意事项：户外活动前，照护者为宝宝做好蚊虫叮咬防护，着装轻便适宜。检查桂花树周边环境，便于宝宝自主爬行。

方案互动

1. 敲打桂花枝条，宝宝自由爬行感受“桂花雨”。
2. 拿着桂花枝条引导宝宝自己打桂花。
3. 用语言、动作引导宝宝抓、捏、闻、撒桂花。
   ① 让宝宝两手抓抓、捏捏、捧撒桂花，丰富手部触觉感知。
   ② 让宝宝闻闻桂花的气味，宝宝模仿动作捡桂花给照护者闻。
4. 带宝宝用“二指捏”或“五指抓握”方法捡桂花装瓶，用语言、动作引导宝宝坚持操作，锻炼手指精细动作。
5. 和宝宝一起制作桂花香囊，感受桂花浓郁的花香。

活动延伸

照护者和宝宝一起品尝桂花糕、桂花茶、桂花糖等食品，丰富宝宝对桂花的认知。

方案16 秋分——秋收（24个月+）

方案目标

婴幼儿发展目标：

通过捡、剥、打，发展宝宝手部动作的协调性。

照护服务者目标：

了解秋分节气中成熟的庄稼要收割，能和宝宝一起捡稻谷，亲近自然。

方案环境

一块正在收割的稻场，一片便于宝宝玩稻子的空地，一堆便于宝宝随意挪动的草堆。

注意事项：玩稻子过程中照护者要注意保护宝宝安全；活动结束后，及时清洁宝宝的皮肤，预防过敏。

方案互动

1. 为宝宝做好防蚊虫、防晒护理。
2. 给宝宝戴上手套、套袖，一起来到稻田。
3. 用动作、语言引导宝宝捡稻穗。
   ① 鼓励宝宝将稻田里没有收割干净的稻穗捡起来放到竹篮中。
   ② 宝宝在捡的过程中摸一摸、捏一捏、闻一闻稻穗。
   ③ 在宝宝捡稻穗的过程中给宝宝讲讲民间传说《稻子的由来》，让宝宝从小养成珍惜粮食的好习惯。
4. 和宝宝一起剥稻谷。
5. 和宝宝一起体验打稻谷，将稻谷从稻穗上打下来。

6. 和宝宝一起参观机器处理大米，了解稻谷变大米的过程。
7. 和宝宝一起品尝新收割的大米。

活动延伸

照护者带宝宝观看打米过程，对宝宝说说稻子变大米。

方案17 寒露——菊有黄华（18个月+）

方案目标

婴幼儿发展目标：

了解风干菊花的方法，能在照护者帮助下风干菊花。

照护服务者目标：

了解寒露节气物候变化——寒露三候菊有黄华，能和宝宝一起风干菊花。

方案环境

2~3盆菊花可分散摆放在宝宝熟悉的空间内，便于观察。

注意事项：可将撒落的花瓣装在透明的瓶里，供宝宝触摸、观察，照护者保护宝宝不把土揉进眼睛。

方案互动

1. 带着宝宝找到菊花，认识菊花，鼓励宝宝寻找环境中的菊花。
   ① 和宝宝欣赏菊花，用语言、动作鼓励宝宝摸花朵、闻花香，认识菊花。
   ② 将菊花摆放到环境中其他位置，宝宝进行寻找。
2. 和宝宝一起捡菊花。
   ① 将掉落的菊花捡起来，放进竹篮中。
   ② 鼓励宝宝进行模仿。
3. 用语言、动作引导宝宝将菊花放进烤盘中，将烤盘放进烤箱中，扭动按钮开始烤菊花。
   ① 鼓励宝宝将菊花放进烤盘中，摆放整齐。

② 引导宝宝观察烤盘中菊花的变化。

③ 和宝宝不断调整菊花摆放的方向和烤制的温度。

4. 用语言、动作引导宝宝将剩下的菊花放在竹篮中进行晾晒风干。
5. 宝宝通过多种感官比较干菊花和新鲜菊花。
6. 和宝宝一起品尝菊花茶或制作菊花香囊。

活动延伸

带宝宝参观菊花展，照护者用语言、动作引导宝宝观察各种各样的菊花。

方案18 霜降——霜降吃柿子，冬天不感冒（18个月+）

方案目标

婴幼儿发展目标：

在照护者帮助下利用烤箱制作柿饼，促进宝宝精细动作发展。

照护服务者目标：

了解霜降节气吃柿子的习俗，知道制作柿饼的方法。

方案环境

室内摆放柿饼、新鲜柿子。

注意事项：宝宝吃柿饼不宜过多，不能空腹，避免伤害宝宝肠胃。

方案互动

1. 和宝宝来到厨房。
2. 用语言、动作引导宝宝认识柿子、剥柿子皮。

① 用语言动作引导宝宝认识柿子：摸一摸、捏一捏、闻一闻、滚一滚。

② 和宝宝一起用拇指和食指轻轻剥柿子皮。

③ 宝宝按照提醒将剥好皮的柿子放到烤盘上。

3. 用语言、动作引导宝宝将剥好皮的柿子送进烤箱，烤柿饼。

① 和宝宝一起将柿子摆放整齐，送进烤箱。

② 在烤制过程中照护者和宝宝一起观察柿子的变化。

4. 和宝宝一起根据柿子的变化，相互说说自己的发现。
5. 将柿饼拿出来，进行晾晒。
6. 和宝宝每天观察天气情况，进行柿饼晾晒。
7. 和宝宝一起品尝柿饼。

活动延伸

有条件的家庭可带宝宝到果园采摘柿子，让宝宝感受采摘的喜悦。

方案19 立冬——扫疥（18个月+）

方案目标

婴幼儿发展目标：

能将菊花、金银花、香草从瓶中取出，发展精细动作，提高宝宝的专注力。

照护服务者目标：

知道在立冬时有“扫疥”的习俗，能给宝宝洗药草香汤浴，预防疥疮。

方案环境

室内摆放菊花、金银花、香草以及相应的香囊。

对药汤过敏的宝宝请慎用。

方案互动

1. 做好宝宝防寒保暖的护理工作，宝宝坐在地垫上。
2. 将装有菊花、金银花、香草的塑料瓶滚到宝宝跟前。
3. 用语言、动作引导宝宝去抓握瓶子。
4. 用语言、动作引导宝宝去取瓶子里面的菊花、金银花、香草。

① 鼓励宝宝打开瓶盖。

② 鼓励宝宝坚持将瓶子里面的东西一一取出。

5. 将菊花、金银花、香草煮汤，将汤水倒进浴盆中，照护者给宝宝洗澡预防疥疮。

活动延伸

冬天到了可以用中草药甘草、元胡煎剂，可以防治冻疮；用茄秆连根煎洗可控制冻疮发展。

方案20 小雪——大白菜入缸（24个月+）

方案目标

婴幼儿发展目标：

通过抓握、掰弄、手撕蔬菜，锻炼宝宝手部精细动作。

照护服务者目标：

了解“小雪节气大白菜入缸，大雪节气大白菜出缸”的民俗习惯，能腌渍大白菜。

方案环境

设置操作台供宝宝撕菜、装菜；家庭或托育中心的一角设置展示区吸引宝宝主动观察。

注意事项：照护者保护宝宝安全，不打翻泡菜坛；告诉宝宝生菜叶不能塞进嘴里。

方案互动

1. 和宝宝来到厨房，照护者和宝宝系上围裙。
2. 宝宝双手抓握大白菜。
3. 用语言、动作引导宝宝顺着大白菜生长方向掰、撕大白菜叶子，和宝宝一起清洗大白菜叶子。
4. 用语言、动作引导宝宝晾晒大白菜，并在晾晒过程中进行翻动。
5. 鼓励宝宝将盐撒在晾干的大白菜上面，并自己把白菜放进泡菜坛中。

   ① 和宝宝戴上食用手套，放一层大白菜撒一层盐。

② 将大白菜塞进坛中，宝宝模仿动作。

③ 和宝宝将泡菜坛装水封坛。

6. 带宝宝观察大白菜的变化，并和宝宝做好记录。

7. 大雪节气将腌渍的大白菜取出品尝。

活动延伸

小雪节气还会腌渍萝卜、做香肠或者冬酿酒等，照护者可以和宝宝一起尝试。

方案21 大雪——拔萝卜（18个月+）

方案目标

婴幼儿发展目标：

通过拔、滚、捡、抓、握，发展宝宝手部动作的协调性。

照护服务者目标：

知道大雪节气时令蔬菜——萝卜，能够结合节气多食时令蔬菜，帮助宝宝认识萝卜。

方案环境

厨房摆放各种萝卜以及萝卜雕刻的物品，萝卜丸子、萝卜汤、萝卜泥等食物。

方案互动

1. 带着宝宝来到菜地，照护者带着宝宝寻找白萝卜。

2. 带着宝宝一起拔萝卜，认识萝卜。

3. 带着宝宝将拔到的萝卜拿到厨房。

4. 用语言、动作引导宝宝滚一滚、捡一捡、抓一抓、拔一拔萝卜。

① 鼓励宝宝将地上的萝卜滚给自己，然后照护者放进篮子中。

② 鼓励宝宝边捡萝卜，边听指令放进篮子中。

③ 宝宝遇到萝卜个头比较大的，照护者鼓励宝宝两手抓握萝卜。

④ 引导宝宝将萝卜从照护者手中拔出来。

5. 任意取走其中一种萝卜，引导宝宝注意观察“谁不见了”，请宝宝找一找。

6. 宝宝自己抓、握、品尝萝卜。

活动延伸

照护者可以将萝卜放进沙箱中模拟萝卜生长的场景，引导宝宝进行拔萝卜。

方案22 冬至——吃饺子（24个月+）

方案目标

婴幼儿发展目标：

在照护者帮助下尝试使用工具包饺子，促进宝宝手部动作发展。

照护服务者目标：

了解冬至节气的民俗，和宝宝一起包饺子。

方案环境

室内摆放已经包好的饺子。

方案互动

1. 照护者、宝宝系上围裙，洗干净手。

2. 讲述冬至吃饺子的民俗故事，并向宝宝介绍包饺子需要的食材和工具。

3. 宝宝自己摆弄包饺子工具，在照护者帮助下学包饺子。

① 宝宝摆弄包饺子工具：打开、合上，照护者在一旁鼓励宝宝熟悉使用方法。

② 打开工具，照护者把饺子皮放在工具上，宝宝舀一勺肉馅，自己将工具合上、压紧、打开，一个饺子包成功了。

4. 用语言、动作告诉宝宝把包好的饺子放在托盘上。

5. 和宝宝一起煮饺子、品尝饺子。

活动延伸

1. 照护者和宝宝分享饺子，宝宝也可以将饺子送给邻居，一起体验冬至节气氛围。
2. 照护者如果会擀面皮，可以让宝宝感受面粉加水后的变化，一起参与擀面皮，让宝宝体验劳动的快乐。

方案23 小寒——腊八蒜（18个月+）

方案目标

婴幼儿发展目标：

1. 了解大蒜头是可以剥开变成蒜瓣的，尝尝腊八蒜的味道。
2. 能移动桌垫拿到物品，提高动手动脑解决问题的能力。

照护服务者目标：

1. 了解喝腊八粥、吃腊八蒜的习俗。
2. 用语言、动作引导宝宝想办法拿取大蒜。

方案环境

在室内放些腊八蒜和干大蒜。

方案互动

1. 将没有剥皮的大蒜放到桌上，用语言、动作、表情鼓励宝宝敲一敲、剥一剥。
2. 把剥好、晒干的蒜瓣按照近和远的关系摆在宝宝面前，宝宝将离自己近的大蒜抓住放进瓶子里；太远拿不着的时候就用语言引导宝宝通过拉近桌垫来拿取，宝宝成功后，用语言、动作、表情进行鼓励。
   ① 用语言、动作引导宝宝将离自己近的蒜瓣抓住放进瓶子里。
   ② 用语言、动作引导宝宝想办法将离自己较远的蒜瓣抓住放进瓶子里（可

以不断调整蒜瓣与宝宝的距离，让宝宝开动脑筋，如年龄较小的宝宝拖动垫子，年龄较大宝宝借助工具）。

3. 宝宝把蒜瓣都放进瓶子后，鼓励宝宝摇一摇、听一听蒜瓣在瓶中碰撞发出的响声，然后往瓶中倒米醋并盖上盖子密封，放到阴凉处。
4. 和宝宝一起尝尝泡好的腊八蒜。
5. 每天定时、定点和宝宝观察腊八蒜的变化，并用语言、动作告诉宝宝这是腊八蒜。

活动延伸

照护者还可以带宝宝一起熬腊八粥，感受各种豆熬制中的变化。

方案24 大寒——天寒地冻（24个月+）

方案目标

婴幼儿发展目标：

能使用工具到户外取冰，感知冰的特点，增强触觉感知，提升环境适应力。

照护服务者目标：

了解大寒节气。

方案环境

保持活动室内适宜的温度。

注意事项：为宝宝做好防寒防护措施，让宝宝到户外触摸冰。

方案互动

1. 照护者、宝宝做好防护工作；跟着宝宝来到室外寻找冰块。
2. 用语言、动作引导宝宝认识冰块。
   ① 引导宝宝看一看、尝一尝冰块，感知冰块透明、脆脆的、硬硬的。
   ② 引导宝宝摸一摸、抠一抠、抓一抓冰块，感受冰块凉冰冰、滑溜溜的。
3. 鼓励宝宝尝试用工具将冰块取出来。

① 鼓励宝宝想办法将盒子里的冰块取出来。

② 宝宝用提供的各种工具取冰块：锤子锤冰块、石头敲冰块、铲子打冰块等。

4. 把冰块放进热水里，引导宝宝观察冰块溶化的物理现象。

活动延伸

照护者和宝宝一起制作植物冰花，引导宝宝继续探索神奇的冰块。

第三节 | 本草国历

具体照护服务方案

方案1 一月霞初——宝葫芦（6个月+）

方案目标

婴幼儿发展目标：

双手抓握干葫芦并相互敲击，加强宝宝手部动作的练习。

照护服务者目标：

1. 了解“一月霞初”的民俗文化。
2. 能用语言、动作引导宝宝完成抓握、敲击等动作。

方案环境

在家庭、托育中心等地的操作台。

关注温度，做好宝宝沐浴的护理工作，避免感冒。

照护者洗干净手，手腕和手指上无任何饰物。

注意事项：光滑、干净的干葫芦，干葫芦里面的瓤和籽都已经处理过，里面装上铃铛；在宝宝充分游戏后，最好在餐后 1～2 小时进行沐浴。

方案互动

1. 为宝宝做好保暖防护。
2. 将干葫芦放在操作台上，用动作和语言引导宝宝用手抓握干葫芦。
3. 将一个干葫芦滚到宝宝跟前，引导宝宝抓握。
   ① 将干葫芦轻轻滚到宝宝跟前，用语言、动作引导宝宝去抓。
   ② 再次滚出一个干葫芦。
4. 宝宝双手各抓握一个干葫芦，鼓励宝宝双手拿葫芦对敲，进一步练习手部动作。
   ① 照护者抓握干葫芦对敲，宝宝模仿对敲动作。
   ② 宝宝边敲葫芦，照护者边说吉利的话。
5. 将干葫芦煮汤后给宝宝沐浴。
6. 把干葫芦摆放在宝宝床头，取义平平安安。

活动延伸

此活动适宜照护者与 6 个月 + 的宝宝经常互动，在互动过程中让宝宝利用葫芦多练习抓、握、摇、捏等动作，继续训练小手的握持能力。

方案2 二月花潮——桃夭（24 个月 +）

方案目标

婴幼儿发展目标：

了解风干桃花的方法，抓握、晾晒或烤干桃花，锻炼宝宝手指的灵活性。

照护服务者目标：

1. 把宝宝带到有桃花的地方，能用语言和动作引导宝宝制作干花。
2. 了解花潮节的来历。

方案环境

户外有桃花的地方。

室内摆放桃花。

注意事项：对花粉过敏的宝宝可以用假花替代。

方案互动

1. 照护者或宝宝穿上花神的衣服、戴上有花朵的头饰，装扮成花神，拿上竹篮，一路走到户外有桃花的地方。
2. 用语言、动作引导宝宝与桃花做游戏。
   ① 照护者将桃花撒在宝宝面前，让宝宝看一看、抓一抓、捡一捡。
   ② 用语言、动作引导宝宝进行模仿动作，并将捡到的桃花放进竹篮中。
3. 将桃花瓣慢慢抛起、撒落。
   ① 将桃花慢慢撒落下来，用语言、动作引导宝宝注视桃花，照护者用手去抓桃花。
   ② 用语言、动作引导宝宝模仿抓桃花。
4. 和宝宝一起玩捡、抛、抓花瓣的游戏。
5. 将收集的桃花进行烤干或风干，制作干花，泡茶饮用。
   ① 将收集到的桃花进行风干，宝宝模仿晾晒桃花。
   ② 宝宝将收集到的桃花放在烤盘中，放进烤箱，烤制新鲜桃花直到干燥。
   ③ 宝宝将干燥的桃花装起来，以备泡茶。
6. 在夏季用阴干的桃叶给宝宝洗澡可以预防痱子。

活动延伸

将剩下的桃花用小铲子埋进土壤中化为花肥。

方案3 三月莺时——荠菜花开（6个月+）

方案目标

婴幼儿发展目标：

捏取荠菜花，找荠菜花，提高宝宝反应能力。

照护服务者目标：

把宝宝带到有荠菜花的地方，用语言、动作鼓励宝宝找找藏起来的荠菜花。

方案环境

室内插上新鲜荠菜花。

宝宝熟悉的社区或户外有荠菜花的地方、安全的操作台、轻柔的音乐。

注意事项：对花粉过敏的宝宝可以将荠菜花剪掉。

方案互动

1. 为宝宝做好护理工作，带宝宝到荠菜花地，拿上竹篮和野餐用的垫子。
2. 选择一块荠菜花茂盛的地方铺上垫子，宝宝坐在垫子上，用语言、动作引导宝宝用手抓握或用拇指和食指捏取荠菜花。
   ① 照护者用手抓握或用拇指和食指捏取荠菜花。
   ② 宝宝在引导下模仿其动作。
3. 用语言、表情、动作给予宝宝肯定。
4. 当着宝宝的面把荠菜花藏在第一个地方，再取出来藏到第二个地方，让宝宝马上找出。
   ① 当着宝宝的面把荠菜花藏在身后，又拿出来逗乐宝宝，然后又藏在自己衣服下面。
   ② 引导宝宝找到荠菜花。
   ③ 还可以改变藏的地方，继续和宝宝玩此游戏（如藏在垫子下面等）。
5. 将采到的荠菜花拿回家煮鸡蛋。

活动延伸

在采摘荠菜花时，照护者可以鼓励宝宝一起参与采摘，照护者可将荠菜花编成花环或手环。

方案4 四月得鸟羽——品桑葚（24个月+）

方案目标

婴幼儿发展目标：

能正确使用勺子，锻炼宝宝手部精细动作。

照护服务者目标：

1. 了解关于四月的相关习俗。
2. 知道阴历四月桑葚成熟，愿意亲近大自然。

方案环境

在桑园中的操作台或小区结满桑葚的树下。

方案互动

1. 为宝宝做好防晒护理工作，拿上竹篮随着宝宝来到桑树下，准备用长竹竿打桑葚。
2. 将桑葚打下来，宝宝拿着小篮接桑葚。
3. 宝宝用手抓一抓、捏一捏，发现有红色或紫色的汁液渗出。
4. 和宝宝一起清洗桑葚，并用盐水浸泡，可直接食用或用小勺舀着食用。
   ① 宝宝自己穿上小罩衣，准备吃桑葚。
   ② 用宝宝的小碗盛装桑葚，告诉宝宝一手扶碗，另一手拿勺，用小勺一颗一颗舀着吃桑葚。
   ③ 在品尝桑葚过程中再次发现桑葚会有红色或紫色的汁液。
5. 用语言、动作引导宝宝用勺子舀取桑葚放进空密封罐中，然后引导宝宝将酒舀进密封罐中制作桑葚酒。
6. 盖好密封罐放到阴凉地方，等待桑葚酒酿好。

活动延伸

桑葚园中，如果桑葚树比较低，照护者可以引导宝宝摘桑葚。可将桑葚压榨成汁，加上蜂蜜和生姜汁，熬煮成膏食用。

方案5 五月鸣蜩——插艾草（24个月+）

方案目标

婴幼儿发展目标：

通过“撕、闻、抓、摘”等动作发展宝宝感知觉。

照护服务者目标：

1. 了解五月“鸣蜩插艾”的故事，知道艾草的作用。
2. 用语言、动作引导宝宝用手撕、抓、摘艾叶。

方案环境

安全的操作台。

室内插上新鲜艾草，悬挂各种香囊，摆放风干艾草，金银花、薄荷叶。

方案互动

1. 宝宝坐好，照护者做好护理工作。
2. 将洗干净的艾草摆放在宝宝面前，用动作、语言引导宝宝抓一抓、闻一闻、摘一摘。
3. 用语言、动作鼓励宝宝反复摘、撕艾草。
   ① 照护者用拇指和食指摘艾草、撕艾草。
   ② 用语言、动作引导宝宝模仿摘、撕等动作。
4. 和宝宝一起将艾草进行晾晒。
5. 和宝宝利用金银花、薄荷叶、艾草制作香囊。
6. 晚上将艾草煮水给宝宝洗澡，预防皮肤瘙痒。

活动延伸

照护者和宝宝一起将艾草扎好，挂在门口驱蚊。

方案6 六月杪夏——食乌梅（6个月+）

方案目标

婴幼儿发展目标：

熟练捏取乌梅，放入碗中，发展手眼协调能力和精细动作。

照护服务者目标：

1. 了解“杪夏”是指农历六月，了解“杪夏”的民俗活动。
2. 用语言、动作指导宝宝捏、放、取乌梅。

方案环境

安全的操作台、新鲜乌梅。

注意事项：这个季节气温闷热易中暑，宝宝可以适量喝乌梅汤生津解渴。

方案互动

1. 农历六月乌梅成熟正值大暑节气，江南一带有制作乌梅酱的习俗，其他地方也有喝酸梅汤消暑的习俗。
2. 为宝宝做好护理工作。
3. 将新鲜乌梅撒在宝宝面前，鼓励宝宝看一看、抓一抓、捏一捏、舔一舔、传一传、抠一抠等。
4. 宝宝将乌梅准确取出后放入碗中，鼓励宝宝重复取和放乌梅。
   ① 将乌梅从竹篮里取出放入碗中。
   ② 引导宝宝模仿“取”和“放”乌梅的动作。
5. 宝宝用食指和拇指捏住乌梅尝一尝。
6. 吃完后做好宝宝的清理工作。

活动延伸

将乌梅、蜂蜜、冰糖、桂花一起熬煮制作乌梅汤，夏季饮用生津止渴。

方案7 七月兰秋——食瓜（6个月+）

方案目标

婴幼儿发展目标：

能找到藏起来的瓜，提高宝宝认知能力和反应能力。

照护服务者目标：

了解“七月食瓜”的习俗。

方案环境

农庄中或家庭、托育中心安全的操作台。

在室内摆放新鲜丝瓜、瓠子、黄瓜。

方案互动

1. 了解“七月食瓜”的习俗。知道农历七月种瓜逐渐成熟。
2. 带宝宝一起到农庄中采摘丝瓜、瓠子、黄瓜，做好宝宝防晒、防蚊的护理工作。
3. 用语言、动作引导宝宝摸一摸、拍一拍、抓一抓、滚一滚丝瓜、瓠子、黄瓜。
4. 和宝宝一起玩游戏“找瓜”。
   ① 用布把瓜遮一半，宝宝能够揭掉布找到它们。
   ② 用布把瓜全遮起来，宝宝能够揭掉布找到它们。
5. 将丝瓜、瓠子、黄瓜做熟后，宝宝用勺或用手抓握品尝。

活动延伸

照护者也可以将黄瓜、西瓜榨成汁给宝宝饮用。

方案8 八月月见——桂花香袋（24个月+）

方案目标

婴幼儿发展目标：

锻炼宝宝双手协调性，促进感知觉发展。

照护服务者目标：

1. 能找到桂花。
2. 能用语言和动作引导宝宝触摸、抓握、闻桂花。

方案环境

宝宝熟悉的户外环境，有盛开的桂花。

室内可以摆放桂花进行装饰。

注意事项：对花粉过敏的宝宝可以选择假花替代。

方案互动

1. 选择适宜天气到户外桂花树下。
2. 照护者用竹竿打桂花，宝宝在树下感受桂花雨纷纷下的美景。
3. 用语言、动作鼓励宝宝闻一闻、摸一摸、抓一抓桂花。
4. 将打落的桂花拢在一起放在竹篮或袋子里。
5. 鼓励宝宝用勺子把桂花舀进袋子中。
   ① 用语言、动作鼓励宝宝用小勺将桂花舀进袋子中。
   ② 将袋子封口，宝宝模仿封好口。
6. 系上铃铛，将桂花香袋挂在宝宝床头，鼓励宝宝每天抓握。

活动延伸

照护者和宝宝可以多制作桂花香袋送给好朋友。

方案9 九月菊序——酿菊花酒（24个月+）

方案目标

婴幼儿发展目标：

能够听懂指令酿菊花酒，发展宝宝专注力。

照护服务者目标：

了解制作菊花酒的方法，能和宝宝一起酿制菊花酒。

方案环境

室内可以摆放新鲜菊花、菊花茶。

方案互动

1. 照护者和宝宝一起去药店购买洋甘菊、枸杞子、药袋。
2. 用语言、动作引导宝宝认识洋甘菊。
   ① 引导宝宝闻一闻洋甘菊，说一说洋甘菊的气味。
   ② 引导宝宝摸一摸洋甘菊，说一说自己的感受。

③ 引导宝宝一起清洗洋甘菊。

3. 宝宝在引导下用勺子将洋甘菊和枸杞子装进药袋，宝宝自己束好袋口。
4. 照护者和宝宝一起煮茶汤，将少许茶汤倒进半熟的糯米中；照护者和宝宝一起将水分挤出，继续将糯米蒸熟。
5. 宝宝将酒曲碾碎，撒在蒸熟的糯米上，再把茶汤一勺一勺舀在撒过酒曲的糯米上。
6. 将茶汤和撒过酒曲的糯米拌匀，再装进密封罐中，放在温暖的地方发酵1～2天，跟宝宝一起观察菊花酒的变化。

活动延伸

照护者和宝宝一起到公园去参观菊花展，感受菊花品种的多样。

方案10 十月应钟——玩槐子（6个月+）

方案目标

婴幼儿发展目标：

宝宝用食指和拇指捏取或抓握槐子，将槐子放进瓶中，发展宝宝手眼协调能力。

照护服务者目标：

1. 了解“应钟”是十二律制的一种。
2. 准备好干槐子，用语言、动作引导宝宝捏取槐子，将槐子放进瓶子中。

方案环境

宝宝熟悉的环境，在室内摆放干槐子。

方案互动

1. 为宝宝做好护理工作，把宝宝放到婴儿椅中坐好。
2. 将干槐子放在宝宝面前，用语言、动作引导宝宝抓一抓、放一放、敲一敲、捏一捏。

3. 引导宝宝用食指、拇指捏取或抓握干槐子，放进瓶中，宝宝成功后照护者给予动作、表情、语言的肯定。
   ① 照护者用食指、拇指捏取干槐子放进瓶中。
   ② 用语言、动作引导宝宝抓握干槐子放进瓶中。
   ③ 宝宝成功后照护者给予动作、表情、语言的肯定。
4. 将干槐子撒在地上，让宝宝弯腰（不会走路的宝宝需要照护者环抱住宝宝的腰）一个一个捡起来，再放进瓶中。
5. 将瓶中的干槐子倒出来反复玩此类游戏。

活动延伸

照护者可以带宝宝到社区绿地或公园中认识槐树。

方案11 十一月龙潜——铺穰草（6个月+）

方案目标

婴幼儿发展目标：

通过多次换手取物提高宝宝手部动作的灵活性。

照护服务者目标：

1. 了解穰草颜色金黄、柔软。
2. 准备好穰草，用语言、动作引导宝宝练习换手取物。

方案环境

在室内摆放穰草。

注意事项：此季节气温低，照护者注意宝宝防寒保暖。

方案互动

1. 为宝宝做好防寒保暖护理，把宝宝放到婴儿椅中坐好。
2. 用动作、语言引导宝宝与穰草做游戏，感知穰草的柔软和清香。
   ① 拿着穰草枕头，用语言、动作引导宝宝抓一抓，滚一滚，感知穰草的

柔软。

② 拿着穰草枕头，用语言、动作引导宝宝闻一闻穰草气味，感知穰草的清香。

3. 用动作、语言引导宝宝找到洞洞，学会换手从枕头洞洞里面将穰草抽出来。
4. 将穰草撒在桌上，用语言、动作引导宝宝用手捡穰草，拿到穰草后，会换手取另一根穰草。
5. 将穰草小马拿在手上，逗引宝宝来取，宝宝取到后，再鼓励宝宝换手取另一匹穰草小马。

活动延伸

照护者将两匹穰草小马挂在床头，宝宝每天练习换手抓握穰草小马。

方案12 十二月清祀——腊八粥（24个月+）

方案目标

婴幼儿发展目标：

能跟着照护者一起熬煮八宝粥，培养宝宝的专注力。

照护服务者目标：

了解“清祀”是古代十二月“腊祭”的别称，知道腊月里常见的习俗。

方案环境

在家庭、托育中心等地。

在室内藏着熬煮八宝粥的食材。

方案互动

1. 为宝宝做好防寒保暖护理。
2. 和宝宝一起玩找“食材”、认“食材”的游戏。

① 把腊八粥的食材藏到不同的地方，引导宝宝自己想办法取出来。如藏在

桌子下面，知道用棍子取出来；藏在垫子上，知道能拖动垫子取出来；藏在罐子里，知道打开罐子取出来等。

② 引导宝宝认识糯米、芝麻、桂圆、红枣、莲子。

③ 引导宝宝用小量杯量取适量食材。

3. 引导宝宝参与洗“食材”的游戏。

4. 引导宝宝将糯米、芝麻、桂圆、红枣、莲子放进砂锅中熬煮。

① 照护者、宝宝将手洗干净，将食材倒进砂锅中。

② 熬煮腊八粥。

5. 腊八粥熬煮好后照护者和宝宝一起品尝。

活动延伸

照护者可以在腊八节和宝宝一起制作腊八蒜。

第四节 数学启蒙

具体照护服务方案

方案1 顶炮树（24个月+）

方案目标

婴幼儿发展目标：

能跟着儿歌唱数字 1～5，感知数与手指的对应。

照护服务者目标：

有节奏地朗诵儿歌，根据儿歌内容做出相应动作。

方案环境

宝宝熟悉的环境，室内摆放炮仗、地垫。

方案互动

1. 照护者和宝宝面对面坐好，在宝宝、自己手指上画上笑脸代表 5 个宝宝，或在手指上分别戴上 5 个纸偶。

2. 照护者边念儿歌边做动作玩游戏。

游戏玩法：1 个宝宝（伸出一个手指头）顶炮花（轻轻顶宝宝胳肢窝），2 个宝宝（伸出 2 个手指头）拿炮花（从宝宝耳朵边变出一个炮花），3 个宝宝（伸出 3 个手指头）点炮花（轻轻点宝宝的额头），4 个宝宝（伸出 4 个并拢手指头）开炮花（4 个手指张开），5 个宝宝（伸出 5 个手指头）一把抓（另一只手抓住五个手指头）。

3. 照护者用动作、语言引导宝宝和照护者互动玩游戏，念到最后一句照护者去抓宝宝的 5 个手指头，宝宝可以把 5 个手指头藏起来不让照护者抓到，可多次重复儿歌和游戏。

① 宝宝模仿照护者互动玩游戏。

② 游戏中用语言、动作引导宝宝感知数与手指对应。

活动延伸

宝宝唱数 1 ~ 5 熟悉后，可以和宝宝听音乐《数字歌》继续玩此游戏。

方案 2 数台阶（18 个月 +）

方案目标

婴幼儿发展目标：

能边上一个台阶边唱数一个数字，感知有节奏唱数。

照护服务者目标：

和宝宝一起边上台阶边有节奏地唱数数字 1 ~ 10。

方案环境

社区中安全的滑梯或室内楼梯。

方案互动

1. 照护者跟着宝宝一起来到滑梯前，和宝宝玩。

2. 宝宝心情愉悦后开始唱数游戏。照护者牵着宝宝的手上一个台阶数一个数字，巩固宝宝 1～5 的有节奏唱数，然后从滑梯上滑下来。
3. 宝宝熟练唱数 1～5 后，照护者从宝宝迈步开始边走边有节奏地唱数，引导宝宝学习 1～10 的有节奏唱数，然后从滑梯上滑下来。
4. 照护者跟着宝宝回室内，边爬楼边唱数 1～10。
   ① 照护者和宝宝的动作和数字对应，感知有节奏。
   ② 照护者鼓励宝宝熟练有节奏地数 1～5、1～10。
5. 此游戏在生活中可以反复玩，宝宝掌握 1～10 的有节奏唱数后可以适当加大难度，进行 1～20 的唱数游戏。

活动延伸

宝宝掌握 1～10 唱数后照护者变换游戏方式，鼓掌或跺脚等，通过身体律动一拍一下有节奏地进行唱数。

方案 3 爆米花（18 个月 +）

方案目标

婴幼儿发展目标：

认读数字“1”。

照护服务者目标：

通过各种感官引导宝宝认识数字“1”。

方案环境

宝宝熟悉的环境或室内宽敞的地方，地上的数字“1”路线图。

方案互动

1. 照护者带着宝宝来到益智区，益智区地上贴着大大的数字“1”。
2. 照护者和宝宝走一走、爬一爬数字“1”，从形状上感知数字“1”，认读数字“1”。

3. 照护者和宝宝一起找一找地上数字卡片“1”，认读数字“1”，并用手指表示数字“1”。

① 宝宝找到立体数字卡片，鼓励宝宝用手触摸数字并认读数字。

② 宝宝找到平面数字卡片，鼓励宝宝用手比画数字并认读数字。

4. 照护者带宝宝一起玩“爆米花”的游戏，请宝宝把爆出来的数字 1 送回家。照护者将数字宝宝、小毛球等重量较轻的玩具放进床单中，照护者拿着床单四个角开始玩游戏，照护者边摇晃床单边念儿歌：“爆米花，爆米花，婆婆给我们爆米花，嘭！啪！嘭！”当念到“嘭”时，照护者将床单里面玩具向上抛出去，宝宝开始寻找掉落在地上的数字“1”，找到后进行认读，把数字“1”送回家。此游戏可以反复玩。

活动延伸

宝宝会认读数字“1”后，换数字“2”和“3”继续游戏。

方案 4 小蚂蚁搬豆豆（24 个月 +）

方案目标

婴幼儿发展目标：

在照护者帮助下完成数与量对应的游戏。

照护服务者目标：

通过语言、动作引导宝宝感知数量对应。

方案环境

环境中藏着数字卡片 1、2、3，环境中展示数物对应的图片。

方案互动

1. 宝宝戴着蚂蚁触角来到益智区，和宝宝一起找找室内藏起来的数字，巩固认读数字“1，2，3”。

2. 和宝宝一起念或听儿歌“小蚂蚁搬豆豆”。

3. 宝宝在照护者帮助下进行游戏。

① 边念或听儿歌边爬行，念或听到儿歌最后一句话，爬到堆放豆豆的区域依次抽取卡片搬运豆豆。

② 抽到数字“1”，拿起有数字“1”的纸盒运送 1 粒黑豆爬回去，抽到数字“2”“3”，同样的方法运黑豆。

4. 游戏结束后和宝宝一起收拾场地。

活动延伸

宝宝熟悉游戏玩法后，可以将黑豆换成其他物品继续玩按数取物的游戏。

方案5 宝宝的碗（18个月+）

方案目标

婴幼儿发展目标：

初步感知数量“1”，发展宝宝手眼协调能力。

照护服务者目标：

引导宝宝为每个家人分发 1 份餐具，鼓励宝宝参加劳动和做力所能及的事情。

方案环境

宝宝熟悉的环境、餐厅。

方案互动

1. 全家人都心情愉快地来到餐厅。
2. 请宝宝为每人分发 1 份餐具。
3. 照护者依次拿出餐具，引导宝宝分发餐具，感知数量“1”：

① 宝宝边发餐具边说：“爸爸一个碗，妈妈一个碗，宝宝一个碗。”

② 宝宝依此类推分发餐具，直到每个人都有一份碗、勺、盘子。

4. 宝宝分发完餐具，照护者给宝宝大大的鼓励，然后一起进餐。

活动延伸

照护者为宝宝准备更多的毛绒玩具，宝宝为毛绒玩具分发餐具，继续感知数量“1”。

方案6 吹泡泡（18个月+）

方案目标

婴幼儿发展目标：

理解并能说出“1”和“许多”。

照护服务者目标：

用语言、动作引导宝宝抓泡泡，感知“1”和“许多”。

方案环境

社区空旷的地方，摆放关于“许多”的物品，许多海洋球、许多小汽车等。

宝宝抓泡泡时防止因地面湿滑而摔跤。

方案互动

1. 照护者带宝宝来到户外，和宝宝一起玩吹泡泡的游戏。

① 吹出一个泡泡，引导宝宝说出“1个泡泡”。

② 继续慢慢地吹一个又一个泡泡，宝宝边抓边说抓了“1个泡泡”。

③ 吹出许多泡泡，引导宝宝说出“许多个泡泡”。

④ 鼓励宝宝用手抓泡泡，边抓边说抓住“许多个泡泡”。

2. 宝宝熟悉后交换角色，游戏反复玩。

① 让宝宝吹泡泡，引导宝宝说出吹了“许多个泡泡”。

② 宝宝说吹“1个”还是“许多个”泡泡，按宝宝说的来吹。

活动延伸

此游戏可反复进行玩，引导宝宝通过多种动作（点、追、拍）感知许多。

方案7 有趣的袜子（18个月+）

方案目标

婴幼儿发展目标：

根据袜子特征进行配对游戏，发展宝宝观察力和手眼协调能力。

照护服务者目标：

用语言、动作引导宝宝给袜子配对。

方案环境

宝宝熟悉的环境或室内宽敞的地方，室内摆放各种袜子。

方案互动

1. 照护者带宝宝来到袜子商店，宝宝挑选自己喜欢的袜子穿一穿。
2. 穿袜子游戏：请宝宝根据娃娃脚上袜子的特点，找到另一只袜子使其成为一双，并给娃娃穿上。
3. 袜子配对游戏：请宝宝根据袜子形状、颜色、大小寻找另一只。

   ① 根据形状配对：拿出五指袜、有袜筒短袜、船袜等不同的袜子，请宝宝找出另一只进行配对。

   ② 根据颜色配对：拿出红色、白色、黑色等不同颜色的袜子，请宝宝找出另一只进行配对。

   ③ 根据大小配对：拿出大小不同、其他都相同的袜子，请宝宝找出另一只进行配对。
4. 宝宝完成袜子配对后，将袜子送回商店，进行售卖游戏。

活动延伸

宝宝熟悉配对游戏后将家里的袜子或手套、鞋子也进行配对游戏。

方案8 穿珠（18个月+）

方案目标

婴幼儿发展目标：

能听清指令进行操作，找出相同或不同颜色的珠子，锻炼宝宝分类能力与专注力。

照护服务者目标：

用语言、动作引导宝宝按要求将珠子穿在一起。

方案环境

宝宝熟悉的环境或室内宽敞的地方，室内摆放红色、白色、黑色的装饰物。

在穿珠过程中防止宝宝吞服珠子。

方案互动

1. 布置一个穿珠展示台，宝宝挑选自己喜欢的珠串戴在手上或脖子上。
2. 穿珠游戏：
   ① 宝宝自由进行穿珠游戏，可以有规律也可以无规律。
   ② 引导宝宝挑选自己喜欢的某种颜色的珠子。
   ③ 把相同颜色的珠子挑出来放到盒子里。
   ④ 引导宝宝认识颜色后进行同色的穿珠游戏。
   ⑤ 引导宝宝交叉颜色进行穿珠游戏。
   ⑥ 引导宝宝根据某种规律调整和更换珠子。
3. 宝宝把珠子穿好后戴在模型上或送给自己的好伙伴。

活动延伸

此游戏根据宝宝完成情况进行难易调整，宝宝完成相同颜色穿珠游戏后进行后面的游戏。

方案9 嘟嘟，大巴车来了（18个月+）

方案目标

婴幼儿发展目标：

能够听指令玩游戏并认识红色。

照护服务者目标：

通过各种游戏引导宝宝认识红色，科学陪伴宝宝成长。

方案环境

宝宝熟悉的环境或室内宽敞的地方，室内摆放红色的装饰物或玩具。

方案互动

1. 照护者和宝宝心情愉悦地面对面坐好，交代游戏规则。
2. 照护者扮演司机，宝宝跟在照护者身后当乘客。
   ① 先认识红色大巴车，和红色大巴车打招呼："红色的大巴车，你好呀！"
   ② 模拟大巴路线走动，途中遇到红色的物品就用语言打招呼："红色的xx，你好呀！"
   ③ 遇到红色路灯请停车，绿灯再开动大巴车。
3. 宝宝扮演小司机，照护者扮演乘客。
   ① 宝宝看到红色的物品时，能辨认红色，并能找到更多红色物品。
   ② 模拟停车、启动、上乘客等情节，体验游戏的乐趣。
   ③ 将红色大巴车开进红色车库。

活动延伸

引导宝宝寻找生活中的红色。

方案10 五彩世界（24个月+）

方案目标

婴幼儿发展目标：

能听指令完成游戏，辨认多种颜色。

照护服务者目标：

用语言、动作引导宝宝辨认颜色（红、黄、蓝、绿、黑、白等）。

方案环境

室内铺上五彩地垫、符合游戏情景的场景布置。

方案互动

1. 走一走：和宝宝一起走过五彩地垫，边走边认颜色（红、黄、蓝、绿、黑、白）。
2. 认一认：打开彩虹伞，和宝宝一起认一认彩虹伞上面的颜色。
3. 拍一拍：照护者跟着宝宝打开彩虹伞，照护者边抖动彩虹伞，边说颜色，说到什么颜色宝宝就拍什么颜色（宝宝熟悉玩法后可以换成用小充气锤子敲打颜色）。
4. 照护者和宝宝一起到户外寻找生活中的颜色。

活动延伸

给宝宝彩色的卡纸，跟着宝宝一起制作彩虹。

方案11 在哪里（24个月+）

方案目标

婴幼儿发展目标：

能正确说出 xx 在 xx 里面或外面。

照护服务者目标：

在游戏中引导宝宝辨认里和外。

方案环境

宝宝熟悉的环境或室内宽敞的地方，室内摆放与里外相关的物品，空纸盒，空柜子。

方案互动

1. 照护者和宝宝来到游戏区，找一找小动物在哪里？引导宝宝说出小花猫、布娃娃、小熊在房子里面，小花狗、小黄鸭、大公鸡在房子外面，感知里和外。
2. 认一认、说一说。
   ① 照护者躲，宝宝去找，问：“我在哪里？”宝宝要说出：你在房子里面（躲在房子外面也同样问和答）。
   ② 宝宝躲、照护者去找，问：“你在房子哪里？”宝宝说我在房子里面或外面。
3. 躲猫猫、找一找。
   ① 和宝宝玩躲猫猫的游戏，播放欢快的音乐，音乐停止开始找宝宝，找到后宝宝要说出自己躲在哪里。
   ② 交换角色，宝宝去找照护者，找到后照护者问：你在哪里找到的？引导宝宝说出照护者在 xx 里面或外面。

活动延伸

照护者和宝宝可以到户外一起玩躲猫猫的游戏，找到后要引导宝宝说出在 xx 里面或外面。

方案12 我的小汽车（24个月+）

方案目标

婴幼儿发展目标：

在照护者指导下完成简单拼图，锻炼宝宝的观察力。

照护服务者目标：

用语言、动作引导宝宝利用长方形和圆形拼出小汽车。

方案环境

室内摆放圆形、长方形图形，拼接的小汽车、机器人、植物等，长方形小路，圆形地毯。

方案互动

1. 照护者跟着宝宝来到益智区，走过长方形的小路，来到圆形地毯上，引导宝宝认识长方形、圆形。
2. 照护者拿出嵌板，用语言、动作引导宝宝认识长方形、圆形。
   ① 宝宝边摸圆形，边感知圆形圆圆的，没有角；滚一滚圆形发现可以滚动。
   ② 宝宝边摸长方形，边感知长方形四四方方的，有尖尖的、直直的角；滚一滚长方形发现滚不动。
3. 请宝宝找到和汽车嵌板上形状一样的图形进行拼图，宝宝拼好第一层小汽车，鼓励宝宝继续拼第二层、第三层小汽车，直到三层小汽车都拼完。
4. 拼图结束后引导宝宝说出自己拼的图形。
5. 照护者和宝宝一起收拾拼图玩具。

活动延伸

鼓励宝宝不要嵌板的帮助自己用圆形和长方形拼出其他图形。

第三章

动作课程

第一节 | 运动乐园

具体照护服务方案

方案1 宝宝抚触按摩操（6个月+）

方案目标

宝宝发展目标：

1. 放松全身肌肉，平复紧张或者焦躁的情绪。
2. 促进宝宝生长发育。

照护服务者目标：

1. 促进照护者与宝宝间的交流，传递亲子感情。
2. 照护者学会控制抚触力度和节奏，让宝宝感受到舒适和温柔。

方案环境

室温下的安静环境。

照护者洗净手，手腕和手指上无任何饰物，抹上按摩油。

注意事项：按摩胸部时要避开宝宝的乳头；腹部按摩要顺时针方向（宝宝腹泻时，可选择逆时针方向）。

方案互动

1. 室内播放音乐，照护者和宝宝微笑问候互动，精神放松。
2. 用手推动宝宝的身体。
3. 根据音乐节奏开始抚触操。

第一节，脸部抚触。在手掌中倒适量按摩油，将手搓热，从宝宝前额中心处开始，用双手拇指轻轻往外推压，然后依次是眉头、眼窝、人中、下巴。这些动作，可以舒缓脸部因吸吮、啼哭及长牙所造成的紧绷（做6次）。

第二节，胸部抚触。双手放在宝宝的两侧肋缘，先是右手向上滑向宝宝右肩，然后复原；换左手，方法同前。这个动作可以顺畅宝宝的呼吸循环，可先做

2 次然后再增加。

第三节，手臂按摩。双手先捏住宝宝的一只胳膊，从上臂到手腕轻轻挤捏，再按摩小手掌和每个小手指。换手，方法同前。这个动作可以增强宝宝手臂和手的灵活反应，增强运动协调功能（做 6 次）。

第四节，腹部抚触。在宝宝腹部以顺时针方向按摩。这个动作可以加强宝宝的排泄功能，有助排气，缓解便秘，按摩动作要在宝宝下腹结束(右下方)，目的是把排泄物推向结肠（做 6 次）。

第五节，腿部抚触。从宝宝的大腿开始轻轻挤捏至膝、小腿，然后按摩脚踝、小脚及脚趾。这个动作可增强宝宝腿和脚的灵活反应，增强运动协调功能（做 6 次）。

第六节，背部抚触。让宝宝趴在床上(注意宝宝脸部朝向，使其呼吸顺畅)，从宝宝头部开始沿颈顺着脊柱向下按摩，再用双手指尖轻轻从脊柱向两侧按摩。动作结束后，还可用手轻轻抵住宝宝的小脚，使宝宝顺势向前爬行。这个动作可以舒缓宝宝背部肌肉（做 6 次）。

活动延伸

此活动适宜照护者与 6～18 个月的宝宝经常互动，要根据宝宝实际情况增减抚触时间和力度。

方案 2 四肢被动体操（6 个月 +）

方案目标

宝宝发展目标：

1. 通过伸展和还原四肢，锻炼肌肤触觉，促进生长发育。
2. 在活动中感到新奇和愉快，通过释放四肢平复不良情绪。

照护服务者目标：

1. 促进照护者与宝宝间的交流，传递亲子感情。

2. 按宝宝生理特点来开展被动操，控制力度，防止拉伤。

方案环境

室温下的安静环境。

照护者洗净双手，修剪好指甲，手腕和手指无任何首饰。

注意事项：在宝宝清醒状态或餐后半小时进行。

方案互动

1. 室内播放轻柔的音乐，照护者和宝宝微笑互动，精神放松。
2. 将宝宝平躺放置在铺好垫子的平板床上。
3. 双手轻轻握住宝宝的手或脚，跟着节拍缓慢做伸展活动。

第一节，上肢伸展。双手分别握住宝宝双手手腕位置，缓慢进行伸展练习，锻炼宝宝肩关节的活动能力。30 次为一组，共 3 组。

第二节，上肢屈伸。双手分别握住宝宝双手手腕位置，缓慢进行屈伸练习，锻炼宝宝上肢肌肉收缩、伸张能力，促进肌肉生长。30 次为一组，共 3 组。

第三节，下肢伸展。双手分别握住宝宝脚踝位置，缓慢进行伸展练习，锻炼宝宝髋关节的活动能力，加强髋部支撑力量。30 次为一组，共三组。

第四节，下肢屈伸。双手分别握住宝宝脚踝位置，缓慢进行屈伸练习，锻炼宝宝下肢肌肉收缩、伸张能力，促进肌肉生长。30 次为一组，共 3 组。

第五节，轻轻抚摸、揉捏、拍打四肢各约 20 秒，进行放松。

宝宝有抵触情绪时，可暂停先平复宝宝情绪，待舒缓后继续进行，如此反复。

活动延伸

此活动适宜照护者与 6～18 个月的宝宝经常互动，照护者可在宝宝每天沐浴后进行此项活动。

方案3 拉坐被动操（6个月+）

方案目标

宝宝发展目标：

1. 在活动中感受到新奇和愉快，发展宝宝本体空间直觉和抓握能力。
2. 锻炼宝宝坐、卧姿躯干屈伸及平衡支撑能力。

照护服务者目标：

1. 促进照护者与宝宝间的交流。
2. 按宝宝生理特点来开展被动操，控制力度防止拉伤。

方案环境

室温下的安静环境。

照护者洗净双手，修剪好指甲，手腕和手指无任何首饰。

注意事项：在宝宝清醒状态或餐后半小时进行。

方案互动

1. 室内播放轻柔的音乐，照护者和宝宝微笑互动，精神放松。
2. 将宝宝平躺放置在柔软的毯子上进行活动，20 次一组，共 3 组。

第一步，一手拉着宝宝的双手，另一只手托着宝宝头颈部，轻轻地缓慢地将宝宝拉至坐立位。

第二步，轻触以保护，尽量使宝宝坐立 2 秒及以上，再将宝宝缓慢放置平躺姿势，如此反复。

活动延伸

此活动适宜照护者与 6~8 个月的宝宝经常互动，照护者可根据宝宝实际情况增减活动时间和活动量。

方案4 趴撑练习（6个月+）

方案目标

宝宝发展目标：

1. 锻炼宝宝颈部和上肢的支撑能力。
2. 愉快地参与活动，有主动活动的愿望。

照护服务者目标：

1. 用语言和玩具引导宝宝由被动活动向主动活动转化。
2. 学会控制宝宝的活动时间和活动量，防止宝宝久趴窒息。

方案环境

干净、柔软的毛毯或宝宝垫上（居家宝宝床、托育中心运动区均可）。

舒缓的音乐环境。

注意事项：不要使宝宝面部朝下，避免发生窒息；去除宝宝颈部、手腕等部位饰品，避免硌伤。

方案互动

1. 室内播放轻柔的音乐，照护者和宝宝微笑互动，精神放松。
2. 将宝宝俯卧位放置，头部侧放，引导宝宝进行活动。

第一步，在宝宝抬手可及的高度用手轻轻摇晃摇铃或玩偶，并用语言、动作引导宝宝抬头或手臂支撑胸部半起（尝试抓玩具）。

第二步，在宝宝坚持 1～2 秒钟及以上时便可将摇铃或玩偶递给宝宝玩耍，不能久持不放，避免宝宝会失去兴趣和动力。如此反复 20 次每组，共 3 组。

活动延伸

此活动适宜照护者与 6～10 个月的宝宝经常互动，若宝宝有爬行的愿望，可将引导物品拿远一些让宝宝伸手。

方案5 爬行（8个月+）

方案目标

宝宝发展目标：

1. 提升宝宝身体机能，锻炼全身协调能力。
2. 愿意尝试爬行活动，提升自主活动意识和能力。

照护服务者目标：

1. 引导宝宝通过自主意识与行动获取物品。
2. 会辅助宝宝进行爬行，能根据宝宝实际情况调整活动时间和活动量。

方案环境

铺有宝宝垫的开阔运动区，铺有宝宝垫的客厅、床铺，以及托育中心室内运动区等。

在宝宝前面1～2米处摆放其喜欢、熟悉的玩具。

注意事项：不要使宝宝面部朝下，避免发生窒息；去除宝宝颈部、手腕等部位饰品，避免硌伤。

方案互动

1. 播放音乐，照护者和宝宝微笑互动，精神放松。
2. 照护者将宝宝俯卧位放置，头部侧放，引导宝宝进行活动，活动时间30分钟左右。

第一步，照护者在宝宝前面利用表情、语言、肢体等引导其爬行过来抓取摇铃或玩偶，距离1～2米，根据能力状态可自行调整距离。

第二步，当宝宝上下肢力量比较好的时候，可用毛巾等物品套在宝宝腹部向上轻微用力提拉，使宝宝腹部抬离地面以四肢为着力点爬行。

第三步，撤掉毛巾，使宝宝四肢支撑进行爬行（可由跪姿过渡到手脚支撑爬行）。

注意：应根据宝宝实际情况调整活动时间和活动量。

活动延伸

宝宝在掌握以上技能之后，可进行各式爬行训练（模仿各种动物的爬行：小熊、猫咪等）。

方案6 保龄球（18个月+）

方案目标

宝宝发展目标：

1. 锻炼宝宝整体协调发力、精细动作控制能力。
2. 愿意参与游戏，学会滚球。

照护服务者目标：

1. 引导宝宝主动参与游戏，通过游戏提高宝宝参与运动的积极性和专注度，达到锻炼目的。
2. 促进照护者与宝宝间的交流，传递亲子感情。

方案环境

障碍物摆放在前方2～3米的距离。

场地平坦开阔，空间内不摆放其他不相关器材，同时避免碰撞到其他易倒易碎物品。

方案互动

1. 和宝宝微笑问候互动，精神放松。
2. 和宝宝一起摆放障碍物，做好打“保龄球”的准备。

第一步，照护者进行示范，利用“保龄球”击倒障碍物，并展示手指所放位置及推球动作。

第二步，照护者引导宝宝进行游戏，并尝试以比赛形式与宝宝一同游戏。

注意：提醒宝宝不要走到球道，防止被打到或者绊倒。

活动延伸

此活动适宜照护者与18～36个月的宝宝经常互动，可要求宝宝将击倒的障碍摆好，距离也可根据宝宝能力进行调整。

方案7 踢皮球（18 个月 +）

方案目标

宝宝发展目标：

1. 锻炼宝宝身体平衡能力和协调能力。
2. 学习简单的踢球动作，喜欢踢球。

照护服务者目标：

1. 引导宝宝主动参与游戏，通过游戏提高宝宝参与运动的积极性和专注度，达到锻炼目的。
2. 促进照护者与宝宝间的交流，传递亲子感情。

方案环境

障碍物摆放在前方 2～3 米的距离。

场地平坦开阔，不摆放其他不相关物品。

方案互动

1. 和宝宝微笑问候互动，精神放松。
2. 将皮球放置在场地内，引导宝宝踢皮球，活动时间 30 分钟左右。

第一步，抱着宝宝摆动他的膝盖和足关节，把球踢出去。

第二步，把皮球放在宝宝脚前，并示范提起脚踢球，让宝宝进行模仿。

第三步，照护者在宝宝踢球时打开双腿形成一个球门让宝宝射门，提高趣味性。

第四步，让宝宝将球踢向前方撞倒易拉罐或矿泉水瓶。

活动延伸

此活动适宜照护者与 18～36 个月的宝宝经常互动，可在宽阔的场地摆放障碍当球门，学习几种踢球方法。

方案8 打气球（18个月+）

方案目标

宝宝发展目标：

1. 发展宝宝本体触觉控制能力，能绕开障碍。
2. 提高手眼协调能力。

照护服务者目标：

1. 加强照护者与宝宝间的游戏互动。
2. 在移动中注意不要绊倒宝宝，能将气球“送”到宝宝方便打到的地方。

方案环境

家庭客厅、运动场、托育中心宝宝活动区、公园小广场等开阔、平坦的安全区域。

注意事项：在阴凉的地方开展，避免在阳光直射处进行；气球充气不宜过足，避免炸裂；保证场所平坦开阔，避免宝宝撞到物品或脚下踩空等。

方案互动

1. 照护者带领宝宝进行简单的跑动，学会绕开障碍，使其熟悉环境。
2. 照护者与宝宝进行打气球游戏。

第一步，向上抛气球。带领宝宝蹲下，双手抱起气球后双手向上抛出。

第二步，向上打气球。指导宝宝双手向上抛出，等待气球落下后单手（双手）向上将球触碰、拍击回空中，使气球尽可能不落地。

第三步，将气球轻轻拍给宝宝，指导宝宝通过不断地触碰或拍打，合作使气球在两人之间移动。

第四步，与宝宝合作拍击气球，使气球尽可能保持在空中。

注意：宝宝也许会抬头过于关注气球而忽略脚下，照护者要始终伴随在左右进行保护，避免宝宝撞到物品或脚下踩空。

活动延伸

此活动适宜照护者与 18～36 个月的宝宝经常互动。刚开始两人互动，熟练之后可增加至 3～5 人。

方案9 拔河比赛（24个月+）

方案目标

宝宝发展目标：

1. 促进上肢、腿部后侧肌肉和骨骼的均衡生长。
2. 提高竞争意识，愿意参加比赛。

照护服务者目标：

1. 在轻松愉快的情境下与宝宝完成游戏，提高宝宝参与积极性。
2. 控制拔河力度，让宝宝体会输赢。

方案环境

空旷平坦的场地，周边无杂物、摆件等。

注意事项：将具有危险性的物品放置高处或移走，留意环境中的尖锐物品，防止宝宝磕撞；绳子表面尽量柔软，或者戴手套，避免擦伤皮肤。

方案互动

1. 带领宝宝进行热身活动。

第一节，肩臂伸展。双手侧平举，缓慢向上越过头顶，双手掌心相对，向上伸展身体，然后缓慢放下手臂（10次）。

第二节，肩部活动。双手侧平举，双臂同时直臂小幅度画圆（正反各10圈，2组）。

第三节，手指伸展。双手前平举，掌心朝下，手指伸直后屈指握成拳头（10次/组，做2组）。

第四节，膝关节活动。站立姿势，双脚打开比肩略宽，双手前平举，掌心朝下，蹲下后起立（10次/组，2组）。

2. 与宝宝进行拔河比赛。

第一步，引导宝宝后退拉着照护者移动（后退走或小步后退跑）。

第二步，照护者（力度与宝宝相当或略小）与宝宝对抗拔河，保持8～10秒，间歇休息5秒，强度根据宝宝体能状况调整，要注意鼓励宝宝。

第三步，让家庭成员都参与到拔河比赛中，两队控制力度与宝宝相当或略小，时间和强度根据宝宝体能状况调整。

注意：应对宝宝进行正向鼓励，胜不骄败不馁；提醒宝宝一起倒计时，防止松绳子时宝宝因惯性摔倒。

活动延伸

此活动适宜照护者与 24 个月及以上的宝宝经常互动。拔河人数可根据实际情况增加，如 1 个大人与 2～3 个宝宝。

方案10 独木桥（24 个月 +）

方案目标

宝宝发展目标：

1. 提高宝宝身体协调、控制和平衡能力。
2. 愿意参与游戏，敢于尝试新的玩法。

照护服务者目标：

1. 鼓励宝宝挑战新玩法，遵守游戏规则。
2. 根据宝宝能力水平调整难度，善于利用周围环境开展游戏。

方案环境

平坦宽阔的场地。

绳子直线摆放，进阶到曲线摆放，绳子周围用软垫铺好，若没有软垫，也可在草坪或毯子上进行。

注意事项：根据宝宝能力水平选择不同难度的“独木桥”，照护者不能急躁；照护者跟随宝宝的移动做好保护措施。

方案互动

1. 带领宝宝做热身活动。

原地前脚掌触地，踮起脚后跟，然后落回地面，4 个八拍；原地后脚跟触地，抬起前脚掌，然后落回地面，4 个八拍；踮起脚尖前进移动（穿高跟鞋），

3～5 米休息 5 秒，2 组；抬起前脚掌，利用脚后跟前进移动，3～5 米休息 5 秒，2 组。

2. 照护者交代游戏情境，带领宝宝过独木桥。

第一步，搀扶宝宝过直线独木桥，并不断鼓励（击掌、夸奖等方式）。

第二步，宝宝自主完成过直线独木桥，照护者跟随保护并不断鼓励。

第三步，搀扶宝宝过曲线独木桥，并不断鼓励。

第四步，宝宝自主完成过曲线独木桥，照护者跟随保护并不断鼓励。

第五步，宝宝摆放路线，过自己摆放的独木桥。将绳子扭曲成“盘山公路”状，需要完成一些转体或半转体的动作，增加难度。

注意：在宝宝熟练之后，可以根据音乐快慢来决定过桥的速度和起止时间，增加游戏性。

活动延伸

此活动适宜照护者与 24 个月及以上的宝宝经常互动，宝宝熟练之后，独木桥可以用地上形成的“线”来代替，也可沿花园边沿等地进行，注意保护。

方案 11 不倒翁（24 个月 +）

方案目标

宝宝发展目标：

1. 锻炼宝宝单脚支撑稳定平衡能力，提升宝宝本体空间感觉。
2. 积极参与游戏，将自己融入角色，感受游戏快乐。

照护服务者目标：

1. 提高照护者与宝宝的互动参与、沟通能力。
2. 在设定情境下增加游戏挑战性，提高宝宝参与兴趣。

方案环境

安全开阔区域，周边无桌椅、沙发、台阶及墙角等。

方案互动

1. 带领宝宝一起做好热身活动。
2. 讲述情境和角色，戴面具或头饰和宝宝一起进行游戏。

第一步，陪同宝宝进行练习，引导宝宝进行模仿，自己做单脚支撑的不倒翁。

第二步，设立时间与动作目标，建立情境，提高趣味性，如支撑 10 秒或完成背后击掌动作等。

第三步，支撑稳定的情况下，可进行 1～3 秒短时间或更长时间的闭眼，提升本体空间感觉。

方案12 收集宝藏（24 个月 + ）

方案目标

宝宝发展目标：

1. 提升宝宝本体感觉与灵敏反应能力。
2. 锻炼抓握和持物操作能力。

照护服务者目标：

1. 帮助宝宝轻松愉快地进行游戏，获得足够的成就感。
2. 能根据宝宝能力调整游戏难度。

方案环境

较为安静的室内或室外。

照护者与宝宝面对面坐在软垫上（距离约 2 米左右）。

照护者手持若干小球，宝宝手持塑料杯。

注意事项：防止小球因惯性飞起伤人，注意提醒宝宝不能吞食小球。

方案互动

1. 讲解游戏规则玩法：只能用手抓着塑料杯扣住移动的“宝藏”。
2. 照护者进行示范，引导宝宝进行游戏。

第一步，宝宝坐在地上，练习用塑料杯罩住静止的球，练习手眼协调。

第二步，照护者示范“收集宝藏”（轻轻将球滚出后用塑料杯罩住）。

第三步，将小球依次滚向宝宝，宝宝用塑料杯罩住移动的球（宝藏）。

第四步，指导宝宝“收集宝藏”，轻轻将球滚出后用塑料杯罩住。

第五步，练习熟练后，可让宝宝在跑动中完成“收集宝藏”的任务。

注意：照护者开始可缓慢将小球滚向宝宝，根据宝宝能力调整速度；防止小球因惯性弹起伤到宝宝。

活动延伸

此活动适宜照护者与 24 个月及以上的宝宝经常互动，根据宝宝能力调整游戏难度，如杯子、球的大小等。

方案 13 旅行的球（30 个月 + ）

方案目标

宝宝发展目标：

练习吹气，锻炼肺活量。

照护服务者目标：

1. 教宝宝区别吸气和吹气的不同，把握游戏节奏。
2. 促进照护者与宝宝间的交流。

方案环境

较为安静的室内或室外。

注意事项：控制游戏的时间，不宜过长，15～20 秒为宜；照护者注意照顾宝宝情绪，输赢相间；反复强调不能吞食小球并时刻关注游戏进程。

方案互动

1. 教宝宝吹气的方法，知道吸气和吹气是不同的。
2. 将小球放在方便吹的地方（地上、桌上均可），练习用吸管对准小球吹气、让小球滚动。

3. 将小球放到圆筒里，开始游戏。

① 照护者对宝宝讲解游戏的规则：只能通过吸管吹动圆筒里的小球。

② 照护者与宝宝分别利用手中的吸管吹动圆筒中的小球，看谁最先将球吹到对面。

活动延伸

此活动适宜照护者与 30 个月及以上的宝宝经常互动。

方案 14 脚丫拔河（30 个月 +）

方案目标

宝宝发展目标：

1. 提升宝宝下肢及足部肌力，促进生长发育。
2. 促进宝宝对精细动作的控制能力。

照护服务者目标：

1. 与宝宝一同参与游戏竞争，帮宝宝获得成就感。
2. 提高宝宝参与积极性和竞争意识。

方案环境

柔软的毯子上不放置任何东西，以确保游戏安全。

注意事项：在宝宝充分休息后进行脚丫拔河，餐后半小时内不要进行；脚丫拔河时亲子之间应反复沟通；宝宝易疲劳，注意多进行组间休息。

方案互动

1. 与宝宝一起进行热身活动。

第 1 节，活动脚趾。与宝宝比赛（不拔河）用脚夹袜子，看谁夹得多。

第 2 节，拉伸腿部。与宝宝一起做腿部拉伸。

2. 与宝宝进行双脚夹袜子、单脚（脚趾）夹袜子拔河比赛，看谁夹得袜子多（要让宝宝充分体会输赢）！

注意：防止宝宝因拉扯惯性导致后倒受伤。

活动延伸

此活动适宜照护者与 30 个月及以上的宝宝经常互动，照护者可根据宝宝能力调整拔河力度，增加难度。

方案 15 守门员（30 个月 +）

方案目标

宝宝发展目标：

1. 提升宝宝快速判断能力。
2. 提高宝宝反应能力。

照护服务者目标：

1. 与宝宝一同参与游戏竞争，提高宝宝参与积极性。
2. 帮宝宝获得成就感。

方案环境

柔软的毯子两边放置简易足球门，做好防护以确保活动的安全。

注意事项：在宝宝充分休息后进行守门员游戏，餐后半小时内不要进行；游戏时亲子之间应充分沟通；宝宝易疲劳，注意多进行组间休息。

方案互动

1. 照护者介绍器材与规则：足球门可以形容成“家园”，宝宝是“卫士”，宝宝在门前通过手或脚阻挡网球进门。
2. 模拟练习。照护者做移动、扑球、阻挡球等示范后，先把球向左抛，让宝宝快速向左移动扑球，再把球向右抛，引导宝宝阻挡球。
3. 正式练习。轻轻地将网球滚向球门，由宝宝用手或脚将其拦下，如此反复。在现有的球数内，设立目标，看宝宝能阻挡多少球（即获胜目标）。照护者抛球的速度应缓慢，抛球之前提醒宝宝，与之保持良好沟通。宝宝熟练后抛球可随意左右变换，每阻挡一球就应得到照护者的表扬与鼓励。

注意：可根据宝宝能力适当加快两个网球之间的衔接速度，但要控制球的速度和力度，防止宝宝受伤。

活动延伸

此活动适宜照护者与 30 个月及以上的宝宝经常互动，可通过抛球速度调整难度。

方案 16 小青蛙学本领（30 个月 +）

方案目标

宝宝发展目标：

1. 练习宝宝双脚、单脚跳跃能力，增强下肢力量。
2. 提高宝宝平衡协调能力。

照护服务者目标：

1. 设定情景练习，增加宝宝锻炼积极性。
2. 寻找适宜的游戏材料，带宝宝安全进行游戏。

方案环境

将“荷叶”和“石头”放置在安全开阔的地板上，放置地面要防滑，周边无杂物、墙角等。

设计情景，小青蛙学本领等。

注意事项：在宝宝充分休息后进行游戏，餐后半小时内不要进行；注意运动中适当休息，运动后按摩放松腿部肌肉；提醒宝宝屈膝轻轻落地，注意防止跳的过程中“荷叶”移动使宝宝滑倒。

方案互动

1. 和宝宝一起进行热身活动，如慢跑、弓步蹲、深蹲等。
2. 踩“石头”过河：

第一步，把“荷叶”或“石头”间隔 20 厘米粘贴在地面上成“Z”形或“直线形”，摆放 5 米左右即可。

第二步，模拟练习，给宝宝讲解、示范游戏，可比喻为“小青蛙跳荷叶或踩石头过河”，如果失败则掉入水里，可根据宝宝能力设定不同距离、大小的“石头”或“荷叶”。提醒宝宝落地时屈膝缓冲，防止摔倒。

第三步，宝宝在指令下开始跳荷叶（单双脚都可以），宝宝边做照护者边指导动作，并纠正宝宝错误动作，让宝宝正确重复每一个动作。反复练习 5 组，每组间歇 30 秒。完成后帮助宝宝轻轻按摩腿部肌肉。

活动延伸

此活动适宜照护者与 30 个月及以上的宝宝经常互动，可根据宝宝能力调整“荷叶”或“石头”间距，增减难度。

方案 17 小鸭子跳水（30 个月 +）

方案目标

宝宝发展目标：

1. 乐于参加游戏，敢于挑战高度。
2. 练习全身协调发力及落地技巧，加强下肢力量。

照护服务者目标：

1. 提高照护者安全保护能力与意识，学会做好运动中的安全防护工作。
2. 促进宝宝与照护者间的信任感。

方案环境

垫子通过叠放调整高度，可根据宝宝能力调整。

高度较高时可在跳垫前及左右放置软垫进行落地保护（宝宝掌握落地屈膝技巧后可撤去落地保护垫）。

设置情境游戏（小鸭子跳水等）。

注意事项：垫子左、右、前、后做好防护措施；照护者时刻进行辅助保护。

方案互动

1. 和宝宝一起进行热身活动，如慢跑、弓步蹲、深蹲等。

2. 小鸭子开始跳水。

第一步，告诉小鸭子需要跳上岸，然后扑通一声跳下水。这个动作需要纠正宝宝双脚同时发力跳上、跳下垫子，且注意不断提醒和纠正落地屈膝技巧，避免对膝盖造成不必要的损伤；注意双手分别在宝宝前胸、后背位置时刻保护。练习时要注意多鼓励和表扬宝宝。

第二步，从低到高根据情况逐次增加高度，鼓励宝宝不断挑战新高度，可以培养宝宝敢于挑战困难的品质。

第三步，保持最高高度，连续练习 20 次/组，3 组。完成后帮助宝宝按摩腿部肌肉。

活动延伸

此活动适宜照护者与 30 个月及以上的宝宝进行，在下肢力量加强后可变换锻炼方式：从 15 厘米左右高的垫子上跳下，迅速跳上较高的垫子。

方案18 滚一滚（30 个月 + ）

方案目标

宝宝发展目标：

1. 锻炼宝宝身体控制能力。
2. 提高宝宝身体协调能力。

照护服务者目标：

1. 促进照护者与宝宝间的沟通。
2. 寻找适宜的材料进行游戏，做好运动中的安全防护工作。

方案环境

柔软的毯子平铺在客厅等较大空间，毯子周围确保没有其他物品，以保证活动安全。

注意事项：在宝宝充分休息后才能进行翻滚游戏，餐后半小时内不要进行；注意运动中适当休息。

方案互动

1. 和宝宝一起进行热身活动，如平地翻滚等。
2. 翻滚游戏。

第一步，动作讲解示范。用毛巾包裹着自己，然后侧躺在毯子上翻滚逃脱。

第二步，模拟练习。给宝宝包裹毛巾，让宝宝根据介绍摆脱毛巾。此时可以用手辅助宝宝翻滚，让宝宝知道如何脱离毛巾控制，练习 3～4 次，了解规则。

第三步，正式练习。宝宝在指令下开始翻滚游戏，每组完成 5 次，做 3～5 组即可，组间间歇 30 秒。练习结束后照护者帮助按摩放松。

注意：照护者应随时关注游戏环境，在旁指导操作，避免宝宝翻滚挣脱时磕碰到周边桌椅、墙角等。

活动延伸

此活动适宜照护者与 30 个月及以上的宝宝经常互动。

方案 19 抛接球（30 个月 + ）

方案目标

宝宝发展目标：

1. 喜欢参与合作游戏，锻炼宝宝精准抓握能力。
2. 提高宝宝手眼协调和快速反应能力。

照护服务者目标：

1. 促进照护者与宝宝间的沟通。
2. 提高照护者与宝宝的配合能力，学会鼓励宝宝。

方案环境

较大开阔的空间（客厅、室外运动场等），周围确保没有其他物品，以保证活动安全。

注意事项：在宝宝注意力集中时进行抛接球游戏，防止被球打到头或脸部；抛接球游戏时亲子之间应充分沟通。

方案互动

1. 和宝宝一起进行热身活动，拉伸手臂、手指等。
2. 进行抛接球游戏。

第一步，动作讲解示范。抛接球动作应先练习接球，这样可以避免受伤。宝宝可先从地上抓球，或抓滚动球，然后让球弹起来再抓到。接球时不要用手指去戳球，应用手掌、手指正面去迎球并抓到。抛球动作应手掌心指向天花板，向上快速抬手臂把球抛出。最后练习抛球与接球组合，抛球后快速用手接到，此时球可落地。

第二步，模拟练习。3 号小皮球，宝宝先练习接球动作，再练习抛球动作，最后抛球与接球组合。练习时指导并纠正动作，反复练习，充分掌握动作方法。

第三步，正式练习。宝宝在指令下开始抛接球，每组完成 10 次，做 3～5 组即可，组间间歇 30 秒。练习结束后照护者帮助按摩放松上肢肌群。

注意：近距离将球轻抛给宝宝，使其能够轻松接到；逐渐增加距离；可落地反弹再接或直接抛接；抛接力度和位置要避免砸到宝宝面部或腹部等。

活动延伸

此活动适宜照护者与 30 个月及以上的宝宝经常互动，熟练后可进行移动抛接球，提高游戏难度。

方案 20 打地鼠（30 个月 + ）

方案目标

宝宝发展目标：

1. 锻炼宝宝下肢力量，提高宝宝反应能力。

2. 喜欢参与游戏，愿意接受挑战。

照护服务者目标：

1. 控制充气棒击打力度和速度，防止打到宝宝。
2. 促进照护者与宝宝间的沟通。

方案环境

较大开阔的空间（客厅、室外运动场等），周围确保没有其他物品，以保证活动安全。

注意事项：防止充气棒打到宝宝，只做假装打到的动作；打地鼠游戏时亲子之间应充分沟通。

方案互动

1. 和宝宝一起进行热身活动，慢跑、弓步蹲、深蹲等。
2. 进行打地鼠游戏。

第一步，动作讲解示范。打地鼠游戏应先练习下蹲和起立，宝宝听口令做动作，蹲下、起立，蹲下时注意臀部后坐、膝盖弯曲、上身挺直前倾，起立时注意臀部发力，快速站起。然后再练习利用充气棒，合拢，宝宝快速蹲下。打开：宝宝快速站立，反复示范讲解 5 遍。

第二步，模拟练习。宝宝保持站立，双手持充气棒，慢速合拢充气棒并提醒宝宝蹲下，宝宝了解游戏方法后，可根据宝宝情况快速合拢或张开充气棒，反复练习 8～10 次。

第三步，正式练习。宝宝在指令下开始打地鼠游戏，音乐停止游戏结束。练习结束后帮助宝宝按摩放松下肢肌群。

注意：持充气棒做开合动作，高度约在宝宝肩部位置，宝宝在判断两个充气棒合拢时要迅速下蹲躲避。

活动延伸

此活动适宜照护者与 30 个月及以上的宝宝经常互动，也可利用充气棒选择性“击打”头部或足部，足部则需跳起躲避，增加难度。

方案21 袋鼠闯关（30个月+）

方案目标

宝宝发展目标：

1. 锻炼宝宝下肢爆发力。
2. 提高宝宝反应能力。

照护服务者目标：

1. 控制海绵棒横扫力度、速度，防止打到宝宝。
2. 使宝宝获得足够的成就感，提高参与积极性。
3. 促进照护者与宝宝间的沟通，传递亲子感情。

方案环境

在家庭客厅、运动场、托育中心宝宝活动区、公园小广场等开阔、平坦的安全区域，周围确保没有其他物品，以保证活动安全。

注意事项：注意横扫的力度、速度，避免宝宝摔倒；横扫时亲子之间应充分沟通、配合。

方案互动

1. 和宝宝一起进行热身活动，慢跑、弓步蹲、深蹲等。
2. 进行袋鼠闯关游戏。

第一步，动作讲解示范。袋鼠闯关游戏应先练习蹲跳，宝宝听口令做原地蹲跳动作，注意臀部后坐、膝盖弯曲、上身挺直前倾，跳起时注意臀部发力快速起跳。

第二步，模拟练习。宝宝保持站立，照护者双手持海绵棒在宝宝一侧约 20 厘米处，照护者慢速横扫海绵棒并提醒宝宝跳起。反复练习 8～10 次，充分了解动作方法。

第三步，正式练习。宝宝在照护者的指令下开始袋鼠闯关游戏，照护者可根据宝宝能力调整横扫高度。

第四步，游戏结束，音乐停止，练习结束后照护者帮助宝宝按摩放松。

活动延伸

此活动适宜照护者与 30 个月及以上的宝宝经常互动，照护者可根据宝宝能力调整海绵棒横扫力度、速度。

方案22 小老鼠吃红薯（36 个月 +）

方案目标

宝宝发展目标：

1. 锻炼宝宝全身肌肉协调能力。
2. 提升宝宝本体空间感觉。

照护服务者目标：

1. 使宝宝获得足够的成就感。
2. 提高照护者与宝宝间的亲密度，传递亲子感情。

方案环境

在家庭走道、运动场、托育中心宝宝活动区、公园小广场等开阔、平坦的安全区域，周围确保没有其他物品，以保证活动安全。

注意事项：不要在餐后半小时内进行；注意周边安全，避免宝宝翻滚中磕碰到周边物体。

方案互动

1. 和宝宝一起进行热身活动，辅助宝宝在垫子上进行翻滚，熟悉动作。
2. 进行小老鼠吃红薯游戏。

第一步，准备练习。宝宝（红薯）在垫子起点平躺，双手放在胸前做翻滚准备姿势；照护者（小老鼠）在距离起点 2 米处四肢支撑准备。

第二步，模拟练习。听到开始口令，照护者爬行追赶宝宝，宝宝则需快速翻滚逃脱，到达垫子末端未被抓到则成功逃脱。

第三步，正式练习。宝宝在照护者的指令下开始反复游戏，持续 10 分钟。

注意：照护者可以通过调整自身速度降低难度，使宝宝在游戏中获得足够的成就感。

活动延伸

此活动适宜照护者与 36 个月及以上的宝宝经常互动，双方可互换角色。

方案 23 躲闪游戏（36 个月 + ）

方案目标

宝宝发展目标：

1. 提升宝宝专注能力以及判断能力。
2. 锻炼综合快速移动躲避障碍能力。

照护服务者目标：

1. 提升照护者的亲子运动游戏经验。
2. 促进照护者与宝宝间的沟通。

方案环境

较大开阔的空间（客厅、室外运动场等），周围确保没有其他物品，以保证活动安全。

注意事项：根据宝宝能力控制好推送瑞士球或小球的力度、速度，防止把宝宝撞倒。

方案互动

1. 学习躲闪：开始时缓慢推动瑞士球向宝宝移动，宝宝要躲闪。
2. 加速躲闪：待宝宝掌握技巧之后，可加速。
3. 花样躲闪：如在封闭的室内运动场地，可要求其躲避反弹球。

注意：照护者和宝宝可互换角色进行游戏，增加趣味性。

活动延伸

此活动适宜照护者与 36 个月及以上的宝宝经常互动，可增加参与人数，提升游戏趣味性。

方案24 传球游戏（36个月+）

方案目标

宝宝发展目标：

1. 锻炼宝宝上肢基础力量，学会全身协调推传发力。
2. 使宝宝掌握上肢推举传球的基本动作规则及技巧。

照护服务者目标：

1. 提高照护者与宝宝的配合能力，帮助宝宝获得成就感。
2. 促进照护者与宝宝间的沟通，传递亲子感情。

方案环境

在家庭走道、运动场、托育中心宝宝活动区、公园小广场等开阔、平坦的安全区域；周围确保没有其他物品，以保证活动安全。

方案互动

1. 和宝宝一起进行热身活动，上、下肢肌肉拉伸。
2. 进行传球游戏。

第一步，准备练习。照护者与宝宝进行传球比赛，看谁传得远，使其掌握传球发力技巧。

第二步，模拟练习。照护者引导宝宝将球传给照护者，照护者可用干净的垃圾篓、水桶等接住宝宝的传球。

第三步，正式练习。宝宝在照护者的指令下进行连续游戏，持续 10 分钟左右。

注意：可根据宝宝能力调整传球距离。

活动延伸

此活动适宜照护者与 36 个月及以上的宝宝经常互动，可根据宝宝能力调整传球距离。

方案25 投篮游戏（36个月+）

方案目标

宝宝发展目标：

1. 锻炼宝宝上肢力量。
2. 发展宝宝全身协调发力及精准能力。

照护服务者目标：

1. 丰富照护者的亲子运动游戏经验，合理利用身边的材料组织游戏。
2. 提高照护者与宝宝之间默契配合，增近亲子感情。

方案环境

照护者拿着投掷桶作为篮筐，让宝宝投掷；控制球的方向，保护宝宝不被砸到。

方案互动

1. 带着宝宝进行热身活动，如手臂拉伸、弓步拉伸等。
2. 进行投篮游戏。

第一步，动作讲解示范。应先练习空手投篮，教会宝宝如何向上推，当宝宝整体发力较好后，再教拿球投篮，最后教把球投进筐里，整个过程反复示范4遍。

第二步，模拟练习。宝宝站在毯子上拿球，照护者双手持投掷桶，宝宝将球投出后照护者快速用投掷桶接住，给予宝宝自信心，当宝宝熟练以后，照护者定点双手持投掷桶，让宝宝投篮。反复练习8～10次，充分了解动作方法。

第三步，正式练习。宝宝在指令下开始投篮游戏，每组完成10次，做3～5组即可，组间间歇1分钟。练习结束后照护者帮助按摩放松上、下肢肌群。

注意：投篮高度可根据宝宝能力调整；照护者在练习中可稍作调整、主动迎接球，给予宝宝自信心，提升成就感。

活动延伸

此活动适宜照护者与36个月及以上的宝宝经常互动，照护者可提升投掷桶高度和投篮远度，也可互换角色，锻炼宝宝自我调整接球能力。

方案26 抓尾巴（36个月+）

方案目标

宝宝发展目标：

1. 锻炼宝宝快速移动、躲避能力。
2. 练习一定范围内的追逐跑，遵守游戏规则。

照护服务者目标：

1. 学会控制游戏强度、节奏，防止宝宝因持续高强度和快速移动而摔倒等。
2. 通过游戏提高宝宝的兴奋度与参与度。

方案环境

一片安全且开阔的场地。

注意事项：游戏开始前做好充分的准备活动；照护者要放慢速度，避免宝宝因持续过快移动而摔跤等。

方案互动

1. 带领宝宝做好热身活动。
2. 带领宝宝玩抓尾巴游戏。

第一步，讲解规则。谁被抓到尾巴后即被淘汰，变成小兔子跳 3 次后才能“复活”。

第二步，提醒事项。跑动时要注意看前方，控制速度，避免踩空或摔跤。

第三步，开始游戏。照护者与宝宝互相追逐抓对方尾巴，照护者要放慢速度，避免宝宝因持续过快移动而摔跤等。

第四步，放松拉伸。慢走调整呼吸（鼻子深吸气），放松上下肢。

注意：要放慢速度，避免宝宝持续过快移动，确保安全。

活动延伸

此活动适宜照护者与 36 个月及以上的宝宝经常互动。

第二节 | 韵律时光

具体照护服务方案

方案1 圆啤酒桶（6个月+）

方案目标

婴幼儿发展目标：

1. 感受音乐的节奏。
2. 建立对照护者的信任感。

照护服务者目标：

1. 在音乐中游戏，提高亲子陪伴的质量。
2. 照护者提高掌握音乐节奏的素养。

方案环境

较开阔的区域。

照护者就坐的地面附近不要放置杂物，若是在社区或活动中心，多名宝宝同时游戏，照护者之间要保持一定距离，方便活动开展。

注意事项：不要在宝宝刚喝完奶或者刚吃完饭后进行活动；刚开始，跟随音乐做的动作幅度不要太大，在宝宝适应游戏节奏时，可适当增大幅度。

方案互动

1. 引发宝宝参与游戏的兴趣。

① 和宝宝一起玩滚皮球的游戏，边玩边用语言描述："圆圆的皮球滚过来喽"。

② 屈膝或者抬胳膊形成"斜面"，让皮球从"斜面"上滚下，并描述："圆圆的皮球滚下来喽"。

③ 一只手抬起宝宝的胳膊，另一只手将皮球轻放在宝宝胳膊上，让宝宝体验皮球从身体上滚下来。

2. 和宝宝一起感受音乐节奏，尝试游戏。

① 播放音乐《啤酒桶》，继续玩滚皮球的游戏，在音乐出现“砰”时，将皮球滚下来。

② 照护者屈膝坐在地垫上，双手支撑宝宝腋下，将宝宝抱坐在膝盖上，跟随音乐节奏抖动双腿，当出现“砰”和滑音时，膝盖伸平，让宝宝感受随节奏身体由高到低的变化。

3. 多次游戏，协助宝宝体验游戏的快乐。宝宝熟悉游戏后，可以从背面将宝宝抱坐在膝盖上进行游戏。

活动延伸

在宝宝有游戏经验的基础上，照护者可以站起来抱着宝宝游戏，通过弯腰，帮助宝宝感受音乐节奏和身体变化。

方案2 小乐器（6个月+）

方案目标

婴幼儿发展目标：

1. 探索不同物品发出声响的方式（摇晃、碰撞、敲击、捏等）。
2. 在照护者的帮助下，初步体验操作“乐器”，跟随音乐演奏。

照护服务者目标：

1. 用语言引导宝宝探索物品的声响，提高观察、识别的素养。
2. 陪伴宝宝探索、发现，和宝宝一起感受节奏、演奏音乐。

方案环境

在地板上铺上地垫（地毯、旧床单、塑料垫均可），照护者可以抱着宝宝。

收纳盒放置在宝宝可以够得着的地方。

注意事项：仔细检查为宝宝提供的物品，不能尖锐或者有锈迹，边角不够光滑的也不要；游戏时，无须要求宝宝利用“乐器”演奏准确的节奏。

方案互动

1. 跟宝宝问好，引发宝宝的活动兴趣。
   ① 用不同的音调跟宝宝问好，如分别大声、轻声地说“你好”，帮助宝宝感受不同的声音。
   ② 轻握宝宝的小手，说“你好呀”，帮助宝宝体验自己拍手能发出声音。
   ③ 引导宝宝听成人拍手、拍地面时的声音。
2. 出示物品，引导宝宝探索物品发出的声音。
   ① 用语言引导宝宝探索：“拍拍拍，哇，发出声音喽，这些东西能发出声音吗？”
   ② 和宝宝一起用拍、摇、敲的方法探索物品声音。
   ③ 帮助宝宝边听声音边观察方法：“这是拨浪鼓，摇摇”“这是小铃铛，敲敲”“这是小鸭子，捏捏”。
   ④ 宝宝继续操作物品，在照护者的协助下，感受不同的声音。
3. 播放音乐，协助宝宝尝试演奏。
   ① 和宝宝一起，选一种小乐器跟随音乐进行演奏。
   ② 握着宝宝的小手，帮助宝宝体验演奏。
   ③ 交换乐器，反复多次游戏。

活动延伸

在日常生活中，引导宝宝探索更多可以发出声响的物品。

方案3 健壮的小马（10个月+）

方案目标

婴幼儿发展目标：

1. 体验照护者通过语言（念唱儿歌内容）传递的情绪，感受节奏的欢快。
2. 学会抓握手铃，在照护者的帮助下，尝试使用手铃演奏。

照护服务者目标：

1. 熟悉歌曲的内容，提高情绪感染力和动作引导力。
2. 鼓励宝宝探索手铃的使用方法，增进亲子互动。

方案环境

照护者和宝宝面对面坐在地垫上，照护者也可以把宝宝抱坐在腿上。

收纳小框放在离宝宝较近的地方，方便宝宝取放手铃。

注意事项：时刻关注宝宝，防止宝宝把手铃放进嘴里；鼓励宝宝摆弄手铃，可通过语言和情绪感染力，引导宝宝尝试演奏；可以动作示范或用语言提醒宝宝正确取放，初步建立使用乐器的常规，但无须“强制”。

方案互动

1. 出示玩具小马，与宝宝展开互动。

① 用玩具小马跟宝宝问好：“你好呀，我是小马”，引导宝宝做触摸、点头的动作，引发兴趣。

② 念唱儿歌，继续与宝宝互动，边念儿歌边跟着节奏做点头和摇晃身体的动作。

③ 将宝宝抱坐在腿上，跟宝宝一起与小马随儿歌互动，帮助宝宝感受“一拍一下”的节奏。

2. 出示手铃，和宝宝一起探索手铃玩法。

① 宝宝可以继续坐在照护者腿上，照护者拿起手铃，边念儿歌边摇晃手铃，帮助宝宝观摩手铃玩法、感受节奏。

② 鼓励宝宝自由探索手铃的玩法。

③ 协助宝宝“一拍一下”地操作手铃。

3. 播放音乐，引导宝宝尝试用手铃演奏。

播放儿歌音乐，和宝宝一起用手铃演奏音乐（可以与宝宝面对面坐着，或者把宝宝抱坐在怀里）。

活动延伸

可以使用不同节奏的音乐，和宝宝一起用手铃演奏。

方案4 七步舞（6个月+）

方案目标

婴幼儿发展目标：

1. 愿意信任照护者，和照护者一起游戏，感受音乐节奏。
2. 体验身体舞动的乐趣。

照护服务者目标：

1. 情感饱满地跟宝宝互动，向宝宝传递快乐的情绪。
2. 提高感知和表现节奏的素养，动作跟随节奏进行。

方案环境

宝宝躺在地垫上，照护者面对宝宝坐。

游戏场地开阔，不要放置杂物，防止宝宝游戏时撞到。

注意事项：游戏时，动作幅度不要太大，以免宝宝产生不舒适感，从而拒绝游戏；游戏时间不宜过久，在宝宝大笑的时候，放慢动作节奏。

方案互动

1. 抚摸，放松宝宝身体。

抚摸并与宝宝的身体各部分进行问好。照护者："你好，小脚""你好，小腿""小肚子，你好""胳肢窝，你好"……引发宝宝参与活动的兴趣；根据宝宝的反应，可尝试2~3次问好互动。

2. 协助宝宝身体各部分运动。

在抚摸的基础上，协助宝宝身体运动。做下列动作：摇晃小腿、握小脚轻拍、抬升胳膊等；边哼唱边协助宝宝做运动。

3. 跟随音乐，和宝宝一起游戏。

① 播放音乐，和宝宝一起感受音乐（可以配上抚摸的动作，帮助宝宝感知音乐、动作）。

② 宝宝平躺，跟随音乐和宝宝一起游戏，做下列动作：轮流弯曲宝宝的两条腿；将宝宝脚心相对，轻拍；抖动宝宝双腿；手指从宝宝小腿"爬动"至胳肢窝。根据宝宝的情绪，设定游戏次数。

活动延伸

游戏中，动作是由下至上（从腿部到胸部），照护者可以发明更多的动作，如从头部到脚部。

方案5 摇篮曲（10个月+）

方案目标

婴幼儿发展目标：

1. 感受与照护者一起游戏的快乐，愿意随音乐舒缓情绪。
2. 增加与照护者的亲密感，尝试跟随音乐做“轻拍”“抚摸”等哄睡的动作。

照护服务者目标：

1. 通过表情和动作向宝宝传递爱的情感，增加亲子间的依恋。
2. 帮助宝宝在游戏中放松身体和情绪。

方案环境

铺上大块地垫（地毯或塑料垫），如果是群体游戏，宝宝可以和照护者围坐成一个圈（照护者坐在宝宝的旁边）。

如果是月龄更大、能够站立的宝宝，可以站在照护者（照护者坐着）身后，趴在照护者的后背进行游戏。

注意事项：提供大小合适的布娃娃，方便宝宝抱；建议在即将睡觉前游戏。

方案互动

1. 出示布娃娃，跟宝宝互动。
   ① 宝宝坐在地垫上，照护者用布娃娃跟宝宝打招呼：“宝宝你好呀，我是布娃娃”，引导宝宝做摇手（打招呼）、抚摸的动作。
   ② 引导宝宝与布娃娃互动。照护者：“布娃娃跳舞喽（协助宝宝握着布娃娃的手摆动）”“抱抱布娃娃”“摸摸布娃娃的头”……
2. 跟随音乐，和宝宝一起游戏。

① 播放音乐，开始游戏。照护者："布娃娃玩累啦，我们哄她睡觉吧。"协助宝宝抱着布娃娃，将宝宝抱坐在腿上，跟随音乐，一起做轻摇、轻拍、抚摸等哄睡的动作。

② 继续游戏。将宝宝抱在怀中，跟随音乐做轻摇、轻拍、抚摸等哄睡的动作。

3. 重复游戏，增加亲子互动。

跟随音乐，用宝宝舒服的方式（抱或者让宝宝趴在照护者身上），观察宝宝的兴趣和情绪，重复游戏；可以协助宝宝继续跟随音乐与布娃娃进行互动游戏。

活动延伸

1. 可以用不同的玩具（毛绒类的）代替布娃娃。
2. 宝宝情绪激动或者不稳定的时候，可以播放摇篮曲，帮助安抚宝宝情绪。

方案6 纱巾舞（6个月+）

方案目标

婴幼儿发展目标：

1. 愿意跟照护者一起游戏，能听懂并做出相应的指令。
2. 喜欢跟随音乐玩游戏，在照护者的帮助下，感受用动作表现音乐的快乐。

照护服务者目标：

1. 增强歌唱技能，提高音乐素养，向宝宝传达欢快的情绪。
2. 引导宝宝在歌曲唱完"啦啦啦啦"的时候主动把纱巾从头上拿下来。

方案环境

活动场地较安全，保障宝宝游戏时有充分的动作空间。

注意事项：提供轻薄的纱巾，防止略显厚重的纱巾盖在宝宝头上不舒服；游戏时，注意观察宝宝在把头上的纱巾拉下来时的情绪状态，防止他们因为太兴奋而失去重心摔倒，照护者要做好相关护理。

方案互动

1. 出示纱巾，与宝宝进行互动游戏。
   ① 照护者将纱巾盖在自己头上，然后迅速扯下，与宝宝玩“捉迷藏”的游戏。
   ② 将纱巾盖在自己头上，引导宝宝将纱拉扯下来。
   ③ 引导宝宝探索更多纱巾的玩法：抖动、挥舞等。
2. 跟随音乐，和宝宝一起玩“纱巾舞”游戏。
   ① 引导宝宝抓握纱巾，跟随音乐节奏一拍一下地抖动纱巾。
   ② 观察宝宝，可以给予适当的协助，如握着宝宝的胳膊或者手腕。
   ③ 和宝宝一起，听音乐重复游戏，帮助宝宝感受音乐节奏，并尝试用动作匹配节奏。
   ④ 在当听到“淅沥淅沥，哗啦哗啦”时将纱巾盖在宝宝的头上，当听到“啦啦啦啦”时将纱巾从头上拉下来。
   ⑤ 重复游戏，用语言和动作提醒或协助宝宝自己拉扯纱巾。
3. 帮助宝宝放松身体。播放钢琴曲，帮助宝宝放松小手、胳膊，以及身体各部位。

活动延伸

宝宝月龄再大一点（8 个月 + ），玩游戏时，可以引导宝宝自己将纱巾盖在头上，并可以仅用语言提示。

方案 7 小手爬（15 个月 + ）

方案目标

婴幼儿发展目标：

1. 喜欢在自己的身体上玩游戏，在游戏中认识自己的身体。
2. 感受歌曲节奏，在照护者帮助下，有节奏地跟随歌词内容做相应的动作。

照护服务者目标：

1. 和宝宝一起游戏，用语言协助动作，提高语言感染力。

2. 帮助宝宝熟悉游戏内容、感受歌曲节奏。

方案环境

在地板上铺上地垫（地毯、旧床单、塑料垫均可）。

月龄较大的宝宝可以坐在小椅子上游戏。

注意事项：照护者协助宝宝做动作的时候，力度不要太大，以免宝宝产生不舒适感。

方案互动

1. 与宝宝问好，引发活动兴趣。

① 用手在宝宝身体上做“爬”的动作，在身体各部位停顿并问好：“你好，小脚”“你好，膝盖”“你好，肚子”“你好，肩膀”。

② 引导宝宝玩“问好”游戏。协助宝宝小手在身体上寻找脚、膝盖、肚子等部位，并用语言提示宝宝相应部位的名称。

2. 互动游戏，帮助宝宝感受在身体上游戏的乐趣。

① 和宝宝一起，用手在身体上“爬”：“小手出去玩喽，爬呀爬呀，爬到小脚上，爬呀爬呀，爬到肚子上……”。

② 边演唱歌曲边在宝宝身体上玩小手爬的游戏，帮助宝宝感受歌曲的节奏。

③ 边演唱歌曲边协助宝宝在自己身体上玩小手爬的游戏（月龄小的宝宝手部肌肉不发达，做不出手指交替“爬行”动作，可以协助宝宝用手掌轻拍身体）。

④ 重复游戏，观察宝宝的情绪及参与情况，调整游戏的次数。

3. 和宝宝一起在地垫上爬，帮助宝宝放松身体，感受亲子游戏的快乐。

活动延伸

1. 可以尝试“爬”到身体更多的部位，如耳朵、眼睛、脖子等。
2. 宝宝月龄大一点（15 个月 + ）可以坐在小椅子上玩，照护者协助他们做出手指交替“爬行”的动作。

方案8 泰迪熊（10个月+）

方案目标

婴幼儿发展目标：

1. 感受音乐的节奏，能跟随音乐节奏摇晃身体。
2. 愿意与玩具小熊产生互动，在照护者的帮助下，尝试借助小熊做动作。

照护服务者目标：

1. 熟悉歌曲，能用语言提示宝宝与小熊互动。
2. 帮助宝宝跟随音乐做动作，提高音乐理解能力。

方案环境

家中的床上、地垫上、沙发上都可玩此游戏。

社区、托幼中心可在地垫上游戏。

注意事项：提供大小适宜的玩具小熊，方便宝宝操作；游戏中，照护者关注宝宝的游戏状态，在宝宝愿意的前提下，协助他们与小熊互动。

方案互动

1. 播放音乐，和宝宝一起感受音乐节奏。
   ① 和宝宝一起听音乐。照护者："宝宝，我们来听一首好听的歌。"
   ② 照护者边跟唱边用身体动作表现节奏；拉起宝宝的小手或者把宝宝抱在怀中，一起听音乐，通过跟随音乐摇晃胳膊或身体感受节奏。
   ③ 在活动过程中，照护者跟唱歌曲，帮助宝宝听懂歌词；多次游戏，感受节奏。
2. 出示小熊，引导宝宝与小熊进行互动游戏。
   ① 出示小熊："泰迪熊来啦。"边清唱歌曲边根据歌词内容借助小熊做动作；和宝宝一起跟随音乐做动作。
   ② 引导宝宝观察并模仿照护者的动作；协助宝宝跟随歌曲做动作（可以与宝宝面对面，也可以将宝宝抱坐在腿上）；鼓励宝宝独立跟随歌曲做动作（照护者示范、引导）。
3. 鼓励宝宝自由与小熊互动。照护者播放歌曲，引导宝宝自由与小熊互动：

抱着摇一摇，轻轻拍一拍……

活动延伸

宝宝月龄再大一点（15 个月 + ），在照护者的引导下，可以创编歌词和动作。

方案 9 碰碰乐（12 个月 + ）

方案目标

婴幼儿发展目标：

1. 感受音乐节奏，在照护者的帮助下，尝试跟随节奏做动作。
2. 喜欢跟照护者一起游戏，体验节奏游戏的快乐。

照护服务者目标：

1. 通过跟唱和动作示范，协助宝宝做出碰大拇指、搓手、敲拳、弯肘、碰脚的动作。
2. 具有情绪感染力，提高音乐表现力。

方案环境

家中的床上、地垫上、沙发上都可玩此游戏。

社区、托幼中心可在地垫上游戏。

注意事项：用动作和语言提示，给宝宝自主观察、探索、模仿的机会，协助宝宝感受节奏、表现动作；照护者要将节奏快慢变化呈现出来，帮助宝宝理解和感受。

方案互动

1. 用歌曲中唱到的动作和宝宝互动。

① 和宝宝打招呼，边拍手边说：“你好！”引导宝宝做拍手动作。

② 继续和宝宝打招呼，做歌曲中出现的动作：竖起大拇指，碰碰；握起拳头，敲敲；伸出胳膊，弯弯；伸出小手，搓搓；伸出小脚，碰碰。边做

动作边跟宝宝问好，引导宝宝观察。

2. 跟随音乐，和宝宝一起游戏。

① 播放音乐，和宝宝一起拍手，感受音乐的节奏。可以握着宝宝的小手帮助他们感受节奏；继续和宝宝一起感受音乐节奏，协助宝宝用更多的动作感受和表现节奏，如点头、拍腿、摇手、握拳、伸胳膊等。

② 协助宝宝做歌曲中出现的动作，将动作过程以儿歌的方式呈现出来；引导并帮助宝宝跟随音乐做动作。

③ 可以和宝宝面对面游戏，可以坐在宝宝身后，协助宝宝游戏。

3. 根据宝宝的情绪，跟随音乐尝试多次游戏，在游戏中感受并用动作表现节奏。

活动延伸

宝宝月龄再大一点（12 个月 + ），照护者可以和宝宝在游戏中用动作互动，如互相碰大拇指、敲拳头、踢小脚等，与宝宝展开更多的互动。

方案10 两只眼睛（12 个月 + ）

方案目标

婴幼儿发展目标：

1. 感受儿歌的韵律节奏，在照护者的帮助下，能有节奏地使用乐器。
2. 在照护者的帮助下，愿意做触摸五官、撅小嘴的动作。

照护服务者目标：

1. 用抑扬顿挫的声调念儿歌，吸引宝宝的注意力，协助宝宝用手触摸相对应的五官。
2. 提高语言表述能力。

方案环境

家中的床上、地垫上、沙发上都可玩此游戏。

社区、托幼中心可在地垫上游戏。

注意事项：游戏时，协助宝宝摆弄乐器，防止戳到或夹到宝宝；在念儿歌时，注意韵律和节奏。

方案互动

1. 和宝宝一起玩找五官的游戏。
   ① 通过触摸和语言提示，帮助宝宝认识五官。
   ② 协助宝宝用手触摸五官，在触摸同时，照护者说出五官的名称。
2. 念儿歌，帮助宝宝感受儿歌节奏。
   ① 边念儿歌边用手轻轻触摸宝宝相应的五官，帮助宝宝感知儿歌的节奏韵律，体验五官被触摸的快乐。
   ② 继续念儿歌，边念边拍手，帮助宝宝感受节奏。
3. 出示乐器，鼓励宝宝探索玩法、尝试演奏。
   ① 出示乐器：木鱼。鼓励宝宝自由操作木鱼，引导宝宝使木鱼发出声音，并及时给予小结，如 “敲敲敲，就能发出声音啦”（照护者注意观察，时刻关注宝宝使用演奏棒的安全）。
   ② 照护者边念儿歌边有节奏地敲击木鱼，引导宝宝观察动作，感受节奏；引导宝宝跟随儿歌节奏敲木鱼。可以握着宝宝的手，帮助他们敲击木鱼，感受节奏。
4. 根据宝宝的情绪和参与状态，可以尝试重复游戏，帮助宝宝跟随节奏敲敲打打。

活动延伸

可以变换乐器进行游戏，在宝宝一日生活的其他环节播放或者念儿歌，提高宝宝对节奏的感知。

方案11 炒萝卜（12个月+）

方案目标

婴幼儿发展目标：

1. 信任照护者，愿意照护者接触自己进行游戏。

2. 感受儿歌的韵律节奏，体验与照护者进行互动游戏的快乐。

照护服务者目标：

1. 熟悉儿歌内容，通过反复念儿歌，协助宝宝体验与成人游戏的快乐。
2. 提高语言表述能力，增强亲子互动能力。

方案环境

家中的床上、地垫上、沙发上都可玩此游戏。

社区、托幼中心可在地垫上游戏。

注意事项：关注宝宝的情绪，如果宝宝不想照护者接触身体，可适当延缓游戏，通过语言沟通、情绪影响，调动宝宝游戏的积极性；互动游戏时，照护者的力气和动作幅度不宜过大，以免宝宝产生不舒适的感觉。

方案互动

1. 和宝宝问好。通过双手与宝宝身体接触跟宝宝问好，如拉拉宝宝的手、摸摸宝宝的肚子、抬抬宝宝的小脚……帮助宝宝适应照护者与自己的身体接触。
2. 念儿歌，引发宝宝参与活动的兴趣。

① 照护者念儿歌，继续做拉手、抬脚、摸肚子（对象是宝宝）的动作，帮助宝宝接受照护者与自己身体的接触与互动。

② 照护者边念儿歌边做相应的动作，只做每一句后半段的内容。

“切切切”——将手掌横向立起来，在宝宝的胳膊上做轻轻切的动作。

“捏捏捏”——五指不弯曲，做抓握状，在宝宝的胳膊上轻捏。

“顶呱呱”——竖起大拇指轻点宝宝的额头。

“打打肩”——轻拍宝宝的肩膀。

③ 观察宝宝的反应，选择适当的时机和宝宝一起游戏。“炒萝卜”“包饺子”“好孩子”“坏孩子”处都做相同的动作：一只手拉着宝宝的手腕，另一只手推拉宝宝的手由掌变拳，再由拳变掌，根据宝宝的情绪，重复游戏。

3. 照护者将宝宝抱在怀里，跟随音乐轻轻摇晃身体，帮助宝宝放松身体和情绪。

活动延伸

宝宝月龄再大一点（15 个月 + ），照护者可以跟宝宝交换角色进行游戏，鼓励宝宝当游戏主动者，拉着照护者的手玩炒萝卜的游戏。

方案12 小星星（18个月+）

方案目标

婴幼儿发展目标：

1. 聆听并感受歌曲，对照护者边做动作边演唱歌曲感兴趣。
2. 体验与照护者一起游戏的快乐。

照护服务者目标：

1. 通过夸张的表情，边唱边做动作的方式，帮助宝宝感受节奏。
2. 提高音乐素养，增强亲子互动有效性。

方案环境

家中的床上、地垫上、沙发上都可玩此游戏。

社区、托幼中心可在地垫上游戏。

宝宝可以躺或者半躺着。

注意事项：在宝宝精神状态较好的时候进行游戏，如果准备入睡，照护者可以放慢速度、降低音量演唱歌曲。

方案互动

1. 和宝宝一起看“星星”。

① 出示星星玩具或图片，和宝宝一起欣赏并用语言提示宝宝：“星星。”

② 宝宝自由观看星星图片或摆弄星星玩具，照护者语言重复：“亮晶晶的小星星，闪闪的小星星。”

2. 唱歌曲，观察宝宝的反应。

① 念歌曲歌词，继续和宝宝一起看“星星”；边做动作边唱歌，吸引宝宝的观察和注意。

② 仔细观察宝宝，了解宝宝是对歌曲还是对动作感兴趣；反复演唱歌曲，观察宝宝的情绪反应。

歌曲	动作
一闪一闪亮晶晶	双手一张一合
满天都是小星星	五指分开，摇晃手腕

挂在天空放光明　　双臂上举，左右摇晃
好像许多小眼睛　　双手拇指与食指分别交叉相对，左右摇晃
一闪一闪亮晶晶　　双手一张一合
满天都是小星星　　五指分开，摇晃手臂在头顶交叉、分开

3. 照护者和宝宝一起听歌曲，感受音乐节奏。照护者可以抱着宝宝，也可以让宝宝趴在腿上或怀里，再一次感受歌曲的节奏。

活动延伸

歌唱活动在宝宝一日生活的各个环节都可以开展；宝宝入睡前，可以降低“小星星”演唱的声音和速度，帮助宝宝入睡。

方案13 拍拍敲敲（10个月+）

方案目标

婴幼儿发展目标：

1. 聆听歌曲，在照护者的帮助下，轻拍歌曲中提到的身体部位。
2. 感受音乐的节奏，体验在身体上游戏的快乐。

照护服务者目标：

1. 通过演唱和动作，协助宝宝在游戏中感受节奏。
2. 照护者提高音乐素养，增强亲子互动的有效性。

方案环境

家中的床上、地垫上、沙发上都可玩此游戏。

社区、托幼中心可在地垫上游戏。

注意事项：游戏中，帮助宝宝通过动作感受节奏，不以找准身体部位为目的。

方案互动

1. 与宝宝互动，引发活动兴趣。

与宝宝问好，边拍手边问好：“宝宝，你好。”（节奏：一拍两个字）重复多次，边拍手边念歌词（节奏：一拍两个字）。

2. 帮助宝宝熟悉音乐内容，参与游戏。

① 继续有节奏地念歌词，结合歌词内容，在宝宝的身体上游戏，观察宝宝的反应。

② 在宝宝接受的基础上，继续结合歌词内容游戏，念到身体部位的时候变换成略重的语气，帮助宝宝对自己的身体部位有了解。

③ 引导宝宝根据歌词内容“你的肚子在哪里呀”找到并用手拍拍自己的小肚子（如果宝宝完不成这个动作，照护者可以帮助）。

3. 和宝宝一起听音乐做游戏。

① 和宝宝面对面（或者将宝宝抱坐在腿上），协助宝宝做歌词里提示的动作，感受歌曲的欢快。

② 根据宝宝的反应和情绪状态，设定游戏的次数和时长。

③ 抱抱宝宝，夸夸宝宝。

活动延伸

照护者创编歌词，如“小手在哪里”“小脚在哪里”，与宝宝展开更多的互动；宝宝月龄再大一点（13 个月 +），可以引导他们自己根据歌词内容完成动作。

方案 14 从头到脚（6 个月 +）

方案目标

婴幼儿发展目标：

1. 信任照护者，愿意和照护者一起游戏。
2. 感受身体被摇晃、举高的变化，体验节奏游戏的快乐。

照护者目标：

1. 和宝宝一起游戏，完成托举宝宝的动作。
2. 照护者提高掌握节奏的能力。

方案环境

设置空间较大的区域，区域上方没有悬挂物。

注意事项：在托举的时候一定要注意抱稳宝宝；宝宝产生害怕的情绪时，照护者要减小动作幅度或者缓片刻再进行游戏。

方案互动

1. 和宝宝一起听音乐，感受节奏。

① 和宝宝面对面坐。播放音乐，边拍手边哼唱。

② 照护者继续哼唱，协助宝宝做拍手、拍腿、摇晃身体的动作。

2. 跟随音乐游戏，体验节奏游戏的快乐。

① 在宝宝情绪被调动后，将宝宝抱起来跟随音乐节奏晃动身体，帮助宝宝体验身体跟随节奏摇晃的感觉。

② 抱着宝宝跟随音乐节奏玩游戏。

游戏玩法：（如果是多人游戏，照护者围成圆圈）抱着宝宝跟随音乐以屈膝、停顿的方式走路；音乐变换时，将宝宝托举起来；音乐再次变换时，照护者手托着宝宝腋下，宝宝脚踩在照护者的脚上，照护者快速向前跑。

3. 观察宝宝的情绪，做适当调整和休息。

① 在游戏过程中，时刻关注宝宝的情绪，太兴奋或害怕时，需要安抚宝宝情绪，改变动作，减小动作幅度。

② 游戏结束后，播放音乐，帮助宝宝缓解情绪，放松身体。

活动延伸

宝宝月龄大一点（会独立行走），照护者可以拉着宝宝的手一起用屈膝、停顿的方式走路，帮助他们更直接地感受音乐的节奏。

方案15 鞋匠舞（6个月+）

方案目标

婴幼儿发展目标

1. 感受节奏，体验在身体上游戏的快乐。
2. 信任照护者，愿意跟照护者一起游戏。

照护服务者目标：

1. 和宝宝一起游戏，通过捏、摇晃等动作带动宝宝感知节奏。
2. 提高音乐素养。

方案环境

家中的床上、地垫上、沙发上都可玩此游戏。

社区、托幼中心可在地垫上游戏。

注意事项：关注宝宝的情绪，如果宝宝不想照护者接触身体，可适当延缓；游戏时，照护者的力气和动作幅度不宜过大，以免宝宝产生不舒适的感觉。

方案互动

1. 用音乐旋律和宝宝问好。

   ① 用音乐开始部分的旋律跟宝宝问好：“宝宝，你好呀。”（节奏：从一拍两个字变换到一拍一个字）

   ② 引导宝宝做出拍手、点头、摇晃身体等动作回应。

2. 跟随音乐和宝宝一起游戏，照护者坐在宝宝的身后。

跟随音乐游戏；根据宝宝的兴趣和情绪反应，选择适宜的玩法，或者交替进行。

玩法一（跟随音乐节奏）：依次捏宝宝的十个脚趾头；握起宝宝的两只脚，轻轻地对敲；依次摇晃宝宝的小脚；同时摇晃宝宝的两只小脚。

玩法二（跟随音乐节奏）：依次捏宝宝的十个手指头；握起宝宝的两只手，轻轻对敲；依次轻捏宝宝的胳膊；同时摇晃宝宝的两只胳膊。

3. 将宝宝抱在怀里或者让宝宝趴在照护者身上，聆听音乐，放松身体。

活动延伸

月龄大一点的宝宝（13 个月 + ）可以在照护者的引导下，跟随音乐独立完成动作，更加直接地体验在身体上游戏的乐趣。

方案 16 我的小手，我的小脚（24 个月 + ）

方案目标

婴幼儿发展目标：

1. 感知自己的小手、小脚，可以模仿成人跟随音乐做一些简单的动作。
2. 体验和照护者一同音乐游戏的快乐。

照护服务者目标：

提高照护者对宝宝的照护水平和音乐游戏水平。

方案环境

较安静的室内或室外环境。

父母（或者其他照护者）。

注意事项：在播放音乐前可以先和宝宝探究一下小手小脚，小手可以怎么动？小脚可以怎么动？若在游戏中发现对于宝宝而言音乐节奏快了，可以先用语令（口念）的方式尝试游戏；如果完整游戏对于宝宝有困难，可以先尝试一半音乐（即先手部游戏或先脚部游戏）。

方案互动

1. 播放音乐《hello，小朋友》，可以和宝宝微笑问候、拥抱，并将此作为每次游戏的开端，帮助宝宝培养秩序感。

游戏方法：歌曲共有六遍。第一遍按照歌词唱，第二遍蓝色“hello ”可更改为“宝宝”或使用家中手偶及毛绒玩具的名字，增加趣味性。第三、四、五遍可分别更改为宝宝小名、妈妈和爸爸等其他参与游戏的角色名称。第六遍重复第一遍。 每次唱“hello”的时候可以和宝宝摆摆手，或者握手、抱一抱，增加亲子身体接触，“啦啦啦”时可以起身在原地转一圈后坐下。

2. 和宝宝围在一起，共同探索小手小脚的奥秘。

① 有趣的小手：小手上有几根手指？摸一摸它们一样吗？宝宝的和爸爸妈妈的一样吗？试一试小手可以做什么动作呢？拍手？转动？还有呢？可以和宝宝一起玩玩“请你和我这样做”的游戏，和宝宝一起感知能干小手的魔力吧！

② 有趣的小脚：脱掉小鞋和袜子，宝宝的小脚是什么样的呢？和爸爸妈妈的一样吗？小脚又有怎样的本领呢？瞧，小脚跺一跺——咚咚咚，小脚跑起来——哒哒哒，小脚轻轻走，和小猫一样一点儿声音都没有……

3. 好听的音乐响起啦，用能干的小手小脚玩游戏吧！游戏中关注宝宝的状态，若自始至终宝宝兴趣正浓，可以完整完成游戏；若宝宝出现疲劳，可以将音乐《我的小手，我的小脚》分两部分进行。

4. 建议游戏可以反复进行，当宝宝对音乐的熟悉程度加深，他的参与性也会更强。

活动延伸

1. 此活动适宜照护者与 24 个月 + 的宝宝经常互动。
2. 当宝宝已经熟知音乐后，可以和宝宝站起来边走边玩。
3. 邀请家庭成员，和宝宝一起探究自己的小手和小脚。

方案17 有趣的身体（24 个月 + ）

方案目标

婴幼儿发展目标：

1. 培养宝宝倾听音乐的能力，能跟随音乐完成身体动作。
2. 感受乐曲的欢快，认识身体各部位，能匹配音乐按照节奏做出相应的动作。

照护服务者目标：

提高照护者音乐游戏的水平。

方案环境

较安静的室内或室外环境。

父母（或者其他照护者）。

注意事项：在游戏之前以《hello，小朋友》开始，培养宝宝的秩序感；播放音乐前可以先和宝宝玩一玩“请你跟我这样做”的游戏。

方案互动

1. 播放音乐《hello，小朋友》，可以和宝宝微笑问候、拥抱。
2. 音乐游戏之前可以先和宝宝坐在小凳子上，照护者带领宝宝玩热身游戏“请你跟我这样做”。

请你跟我这样做（如照护者摸摸头，宝宝也摸摸头）；可以依次拍手、摸肩膀、跺跺脚，放松心情，快乐游戏。

3. 邀请宝宝带领照护者玩游戏“请你跟我这样做”。

照护者念“请你跟我这样做”，宝宝想动作并做动作，照护者进行模仿。

4. 起身，倾听音乐，跟随音乐在空旷的地方累积做相应的动作。
5. 和小伙伴或者家里其他照护者一起游戏。

活动延伸

1. 此活动适宜照护者与 24 个月 + 的宝宝经常互动。
2. 当宝宝已经熟知音乐后，可以和家庭成员或者其他宝宝一起游戏。
3. 再次游戏时可以邀请一起游戏的小朋友拉个圈，用身体转圈的方式替代“双手胸部前后画圈”的动作。

方案 18 米菲和她的朋友们（24 个月 +）

方案目标

婴幼儿发展目标：

1. 培养宝宝倾听习惯，愿意跟随音乐玩游戏。
2. 通过情境游戏锻炼宝宝的反应速度，培养宝宝快速反应的能力。

照护服务者目标：

提高照护者音乐游戏水平。

方案环境

较安静的室内或室外环境。

父母（或者其他照护者）。

注意事项：

1. 在游戏之前以《hello，小朋友》开始，培养宝宝的秩序感。
2. 播放音乐前可以先和宝宝认识一下米菲兔，激发宝宝游戏的兴趣。

方案互动

1. 播放音乐《hello，小朋友》，和宝宝微笑问候、拥抱。
2. 音乐游戏之前可以先和宝宝坐在小椅子上，照护者向宝宝介绍米菲兔（图片）。

宝宝，我们和米菲兔打个招呼，抱一抱吧。今天的天气很好，米菲兔也要出去玩，在路上，她遇见了她的好朋友。宝宝，你猜猜她会遇见谁呢?

3. 一起来听音乐吧！照护者跟随节奏边游戏边说出故事情节，帮助宝宝理解音乐。

“准备出发，走、走、走。”“看看，找一找；看看，谁来了？”“Hi，喵喵！Hi，喵喵！”

4. 和宝宝一同讨论，刚刚米菲兔遇见了谁？你是怎么知道的？米菲兔是怎么和小猫打招呼的？照护者带领宝宝一起游戏。
5. 宝宝，米菲兔还遇见谁了？可以怎么打招呼呢？若宝宝兴趣浓郁，可增加一些角色，妈妈在口令“谁来了”时，替换为宝宝创意的动物，如“猫来了”，然后宝宝自己迅速反应，和该动物打招呼的方式。增加游戏趣味性。

活动延伸

1. 此活动适宜照护者与 24 个月 + 的宝宝经常互动。
2. 当宝宝已经熟知音乐后，可以邀请更多照护者扮演角色和宝宝一同游戏，游戏前“走”的环节可以真实在空间中走。
3. 除了好朋友的角色，也可以邀请其他照护者扮演“大灰狼”的角色，当遇到大灰狼时，宝宝要躲进妈妈的怀里才安全哦！

方案19 我是小司机（24个月+）

方案目标

婴幼儿发展目标：

1. 培养宝宝倾听能力，感受音乐的停顿并用身体动作表示停顿。
2. 通过游戏情境，通过动作表示对音乐的理解和乐段的划分。

照护服务者目标：

提高照护者音乐游戏水平。

方案环境

较安静的室内或室外环境。

父母（或者其他照护者）。

注意事项：可以给宝宝准备小汽车的头像或者胸饰，提供盘子等让宝宝握在手中充当方向盘，增加宝宝游戏的兴趣；先带宝宝感受音乐停顿的地方，用身体动作表示停顿后，再加入邀请乘客的游戏。

方案互动

1. 播放音乐《hello，小朋友》，和宝宝微笑问候、拥抱，并将此作为每次游戏的开端，培养宝宝的秩序感。
2. 出示盘子，与宝宝进入游戏情境。

给宝宝戴上头饰或者胸饰。宝宝，今天我们都是小司机，小司机是怎么开车的呢？如果小司机在马路上遇到红灯怎么办？遇到绿灯呢？和宝宝拿起“方向盘”，一起玩玩开汽车的游戏。

3. 播放音乐，感受音乐的停顿。

一位照护者和宝宝一起在空旷的环境中手握“方向盘 ”开汽车，另一位照护者可以出示红绿灯，在音乐停顿的地方口述“红灯”，提醒小司机一起游戏。

4. 邀请小乘客。

多邀请一些小伙伴或者照护者作为乘客，宝宝和一位照护者做小司机，每当音乐停顿时就邀请一位小乘客上车，看看宝宝的小汽车会有多少乘客吧！

活动延伸

1. 此活动适宜照护者与 24 个月 + 的宝宝经常互动。
2. 请宝宝自己做小司机，来邀请喜欢的乘客吧！

方案 20 扭一扭（24 个月 +）

方案目标

婴幼儿发展目标：

1. 感知身体的各个部位，能匹配音乐及语音提示做出相应部位的动作。
2. 能够跟随音乐控制身体，用身体动作表现音乐的进行与停止。

照护服务者目标：

提高照护者音乐游戏水平。

方案环境

较安静的室内或室外环境。

父母（或者其他照护者）。

注意事项：在游戏之前以《hello，小朋友》开始，培养宝宝的秩序感；播放音乐前可以先和宝宝玩一玩“扭一扭”的游戏；音乐 A 段是完整的语令提示，音乐 B 后半段是家长加入可以扭动的部位。建议 A 段多玩几遍后，照护者与宝宝商量可以扭动的部位后再进行 B 段。

方案互动

1. 播放音乐《hello，小朋友》，可以和宝宝微笑问候、拥抱。
2. 宝宝围在软垫上，脱掉小袜子，露出小脚趾，玩一玩“爬呀爬”的游戏。

爬呀爬呀爬呀爬，一爬爬到头顶上。爬呀爬呀爬呀爬，一爬爬到脚趾上（一边唱一边用手指在身上爬，可以在自己身上用手指爬一爬，也可以在宝宝身上爬一爬）。如果再快一点你会吗？如果再慢一点你会吗？

3. 我的身体会扭动。

我能扭动我的手指，宝宝的手指会这样扭动吗？我能扭动我的脚趾，宝宝的脚趾会这样扭动吗？我能扭动我的屁股，宝宝呢？我能停下不动，像木头人一样，宝宝可以吗？

4. 跟着音乐一起玩游戏吧。
5. 身体上还有哪些部位可以扭动呢？和宝宝一起在镜子面前试一试。

活动延伸

1. 此活动适宜照护者与 24 个月 + 的宝宝经常互动。
2. 当宝宝已经熟知音乐后，可以加入其他的扭动部位，甚至可以请宝宝说一说还可以扭动哪里，增加游戏的趣味性。
3. 邀请家庭成员，和宝宝一起了解自己的身体吧。

方案21 我的身体都会响（24 个月 +）

方案目标

婴幼儿发展目标：

1. 培养宝宝的专注力，能够倾听音乐并运用自己的身体完成相应动作。
2. 用身体发出有趣的声音，感受奇妙的身体。

照护服务者目标：

提高照护者音乐游戏水平。

方案环境

在家庭、户外等安全的地方。

父母（或者其他照护者）。

注意事项：宝宝对自己的身体最感兴趣，准备一个小镜子能够更加吸引宝宝，引导宝宝更加专注地加入到游戏中；小宝宝喜欢反复尝试，所以把音乐多放几遍吧！

方案互动

1. 播放音乐《hello，小朋友》，和宝宝微笑问候、拥抱，并将此作为每次游戏的开端，培养宝宝的秩序感。

2. 看一看，有趣的身体。

宝宝和照护者一人一面小镜子。宝宝，你在镜子中看见什么了呢？你的嘴巴会发出声音吗？你的鼻子会发出声音吗？

3. 听一听，身体“唱歌”啦！

仔细听一听，身体还有哪些地方也会发出声音呢？跟着音乐一起试一试吧！

活动延伸

1. 此活动适宜照护者与 24 个月 + 的宝宝经常互动。
2. 和宝宝一起玩快速反应游戏，请宝宝小手指着鼻子，照护者说出身体的位置，如“鼻子、鼻子、眼睛”，请宝宝快速指出相应的地方。

方案 22 两只小鸟（24 个月 + ）

方案目标

婴幼儿发展目标：

1. 与音乐相协调情况下模仿成人完成手指游戏《两只小鸟》。
2. 愿意参与由家长发起的韵律活动，并能从中感受到快乐。

照护服务者目标：

提高照护者音乐游戏水平。

方案环境

在家庭、户外等安全的地方。

父母（或者其他照护者）。

注意事项：照护者游戏时可以直接用手指，宝宝游戏时为增加兴趣，可给宝宝准备指偶或者图片粘贴在手指上；方法二对于宝宝手部的精细动作要求较高，可根据宝宝手部发展选择合适的游戏。

方案互动

1. 播放音乐《hello，小朋友》，和宝宝微笑问候、拥抱，并将此作为每次游戏的开端，培养宝宝的秩序感。

2. 用小鸟的指偶或图片，激发宝宝玩游戏的兴趣。

两只小鸟来和宝宝做朋友啦，一只叫叮叮，另一只叫咚咚。它们飞呀飞，要和宝宝躲猫猫。两只小手，一个食指变成了叮叮，另一个食指变成了咚咚。跟着音乐，玩一玩吧。问问宝宝，小鸟藏在哪里了？是在音乐的什么地方藏起来的？

3. 和宝宝一起玩游戏。

可以给宝宝的小手上戴上指偶或者贴上图片，宝宝会更高兴哦！除了躲在身后，还可以躲在哪里呢？

活动延伸

1. 此活动适宜照护者与 24 个月 + 的宝宝经常互动。
2. 游戏方法二：两只手游戏，一只手的食指和无名指分别代表“叮叮”和“咚咚”，当唱到“叮叮（咚咚）飞走了”，一只手的食指（无名指）握住，另一只手食指（无名指）伸出。
3. 游戏方法三：邀请小伙伴或是其他照护者扮演“叮叮”或“咚咚”，跟随音乐一起游戏。

方案 23 跟我一起拍（24 个月 +）

方案目标

婴幼儿发展目标：

1. 培养宝宝专注力，能够认真倾听音乐。
2. 通过倾听音乐玩拍手游戏，感知节奏的快慢。学习跟随音乐控制拍手的速度。

照护服务者目标：

提高照护者音乐游戏水平。

方案环境

在家庭、户外等安全的地方。可以是客厅，阳光好的情况，建议在户外的草地上。

父母（或者其他照护者）。

注意事项：为了培养宝宝的倾听能力，建议一开始游戏时尽量坐着玩。等宝宝熟悉音乐后，再起身移动做游戏；游戏熟练后，可以请宝宝做一些有趣的动作，照护者用伴奏带着宝宝边唱边游戏。

方案互动

1. 播放音乐《hello，小朋友》，和宝宝微笑问候、拥抱，并将此作为每次游戏的开端，培养宝宝的秩序感。
2. 游戏："请你跟我这样做"。

请你跟我这样做（照护者拍拍手，请宝宝也拍拍手）；请你跟我这样做（照护者跺跺脚，请宝宝也跺跺脚）；可以依次拍手、摸肩膀、跺跺脚。

3. 和宝宝一起玩一玩"快"与"慢"的游戏。

宝宝会慢慢拍手吗？那快快拍手呢？

4. 跟着音乐一起快乐游戏。
5. 熟练后，问问宝宝还可以拍哪里？还可以怎么玩呢？

照护者将宝宝提到的动作内容，创编进游戏中，用伴奏边唱边游戏。

活动延伸

1. 此活动适宜照护者与 24 个月 + 的宝宝经常互动。
2. 可以移动进行游戏，比如"转个圈""跳一跳"。也可寻找家庭乐器，如锅、碗、瓢、盆，敲一敲。

方案 24 手指谣（24 个月 +）

方案目标

婴幼儿发展目标：

1. 认识自己的小手，知道五根手指的名称，跟随音乐做手指游戏。
2. 观察、比较五个手指的不同。

照护服务者目标：

提高照护者音乐游戏水平。

方案环境

在家庭、户外等安全的地方。

父母（或者其他照护者）。

注意事项：宝宝小肌肉发展尚未完善，很难单独伸出无名指或者中指，在游戏中提到中指和食指时，宝宝只需手掌张开，用另一只手指一指即可。

方案互动

1. 播放音乐《hello，小朋友》，和宝宝微笑问候、拥抱，并将此作为每次游戏的开端，培养宝宝的秩序感。
2. 手指游戏："豆豆花"。

豆豆豆豆点点，豆豆豆豆花，豆豆豆豆一个变成仨。

豆豆豆豆点点，豆豆豆豆花，豆豆豆豆五个变成小青蛙！

3. 和宝宝一起看一看我们的小手。

宝宝的小手真能干，仔细看看，宝宝的小手上有几个手指呢？和妈妈的手指一样吗？宝宝的小手指们一样吗？哪里不一样呢？

4. 手指谣。

五个手指都有不同的名字，大拇指是爸爸，爸爸旁边是妈妈，个子最高的是哥哥，挨着哥哥的是姐姐，个子最小的就是宝宝啦；伸出小手，我们跟着音乐一起游戏吧！

活动延伸

1. 此活动适宜照护者与 24 个月 + 的宝宝经常互动。
2. 咱们的小手还有好听的名字呢，宝宝一起来认一认吧！大拇指是爸爸，食指是妈妈，中指是哥哥，无名指是姐姐，小拇指是我。

方案 25 农场里动物多（24 个月 +）

方案目标

婴幼儿发展目标：

1. 在成人的帮助下，尝试用动作、姿态表现音乐中的小动物。

2. 倾听音乐，能区分每种动物不同的叫声，并匹配相应的动作。
3. 体验和照护者一同音乐游戏的快乐，增强亲子情感。

照护服务者目标：

提高照护者音乐游戏水平。

方案环境

安全、熟悉、较安静的环境，尽量空旷，便于宝宝移动游戏。

父母（或者其他照护者）。

注意事项：如果一开始宝宝在游戏中觉得有难度，也可以先坐着玩。

方案互动

1. 播放音乐《hello，小朋友》，和宝宝微笑问候、拥抱，并将此作为每次游戏的开端，培养宝宝的秩序感。
2. 欣赏农场图片。宝宝去过农场吗？农场里有哪些小动物呢？我们一起来看看，农场里到底有哪些小动物，宝宝认不认识它们。
3. 模仿小动物。这是什么？大公鸡是什么样子的？它是怎么叫的呢？这是什么？牛是什么样的？它是怎么叫的呢？百灵鸟是什么样的？它是怎么叫的呢？鸭子呢？
4. 快来一起游戏吧！播放音乐，和宝宝一起来到有趣的农场吧！

活动延伸

1. 此活动适宜照护者与 24 个月 + 的宝宝经常互动。
2. 农场里还会有哪些小动物呢？接着一起玩一玩吧！

   例：农场里动物多，小羊为我唱首歌。咩咩咩，咩咩咩。
   农场里动物多，小猫为我唱首歌。喵喵喵，喵喵喵。
   农场里动物多，小狗为我唱首歌。汪汪汪，汪汪汪。
   农场里动物多，小鸡为我唱首歌。叽叽叽，叽叽叽。
   农场里动物多，布谷鸟为我唱首歌。布谷布谷布谷。
3. 邀请其他照护者扮演小动物，宝宝遇到哪个动物，就模仿哪个小动物的动作及叫声。

方案26 开始和停止（24个月+）

方案目标

婴幼儿发展目标：

1. 仔细倾听音乐，在音乐停顿处控制身体，保持静止状态。
2. 通过游戏锻炼宝宝的反应速度，愿意模仿成人，大胆创造动作。
3. 体验和照护者一同音乐游戏的快乐，增强亲子情感。

照护服务者目标：

1. 促进亲子间的交流，传递亲子感情。
2. 提高照护者音乐游戏水平。

方案环境

安全、熟悉、较安静的环境，尽量空旷，便于宝宝移动游戏。

父母（或者其他照护者）。

注意事项：一开始游戏，宝宝对音乐不熟悉时，照护者可以用语言“开始”“定格”辅助宝宝游戏；在熟练游戏后，可以跳出小动物的情境，让宝宝在音乐响起时随意做动作，在音乐暂停时停止。

方案互动

1. 播放音乐《hello，小朋友》，和宝宝微笑问候、拥抱，并将此作为每次游戏的开端，培养宝宝的秩序感。
2. 手指游戏《手指动物谣》。

   乒乓球，上高楼，上上下下，左左右右，前前后后。

   咕噜咕噜 1，变成毛毛虫，爬呀爬；咕噜咕噜 2，变成小白兔，跳跳跳；

   咕噜咕噜 3，变成小猫咪，喵喵喵；咕噜咕噜 4，变成小螃蟹，试一试；

   咕噜咕噜 5，变成大老虎，呼呼呼；咕噜咕噜 6，变成老牛，哞哞叫；

   咕噜咕噜 7，变成小鸡，叽叽叽；咕噜咕噜 8，变成霸王龙，哈哈哈；

   咕噜咕噜 9，变成小蛇，扭一扭；咕噜咕噜 10，遇到魔法变成石！
3. 宝宝是怎么变成石头的呢？变成了一块什么样的石头呢？
4. 快来和音乐一起游戏吧！当音乐暂停的时候，宝宝也要像刚刚那样，变成石头一动不动。

宝宝想变成什么小动物来游戏呢？跟着音乐一起快乐舞蹈吧！

活动延伸

1. 此活动适宜照护者与 24 个月 + 的宝宝经常互动。
2. 除了变成小动物，还可以怎么玩？

方案 27 小矮人与大巨人（24 个月 +）

方案目标

婴幼儿发展目标：

1. 感受歌曲的趣味，能够跟随歌词内容做相应的动作。
2. 通过身体动作、姿态等表现对歌曲的认知，用变大变小表现歌曲声音的强弱。

照护服务者目标：

提高照护者音乐游戏水平。

方案环境

安全、熟悉、较安静的环境，尽量空旷，便于宝宝移动游戏。

父母（或者其他照护者）。

注意事项：在游戏前给宝宝说个故事，会让宝宝对游戏更加有兴趣。快节奏的变大变小，若宝宝无法跟随音乐快速变化身体的动作，可以用手的高低代替。

方案互动

1. 播放音乐《hello，小朋友》，和宝宝微笑问候、拥抱，并将此作为每次游戏的开端，培养宝宝的秩序感。
2. 故事《小矮人与大巨人》。

大巨人会是什么样的呢？他用什么样的声音唱歌呢？小矮人又会是什么样的？他是怎么唱歌的？大声唱歌的是谁？我们可以怎么变成他？小声唱歌的呢？

3. 快来和音乐一起游戏吧！

和大巨人、小矮人一起玩游戏吧。照护者和宝宝边听音乐边做游戏。

活动延伸

1. 此活动适宜照护者与24个月+的宝宝经常互动。
2. 可以邀请家庭多位照护者一起参与，大家拉成一个圈，前奏时可以逆时针转一转。

方案28 棒棒糖（24个月+）

方案目标

婴幼儿发展目标：

1. 喜欢倾听歌曲，能够跟随歌词做动作。
2. 通过身体动作表现歌曲，在照护者帮助下跟随乐曲节奏进行游戏。

照护服务者目标：

提高照护者音乐游戏水平。

方案环境

安全、熟悉、较安静的环境，尽量空旷，便于宝宝移动游戏。

父母（或者其他照护者）。

注意事项：游戏音乐节奏比较快，建议在带宝宝进行韵律活动前先做一些准备活动，避免受伤；宝宝熟悉游戏后，可以作为每日晨间锻炼活动，和宝宝每天都跳一跳、玩一玩。

方案互动

1. 播放音乐《hello，小朋友》，和宝宝微笑问候、拥抱，并将此作为每次游戏的开端，培养宝宝的秩序感。
2. 宝贝，让我们一起活动活动身体吧！

摇摇脑袋，摇摇脑袋，点点头，点点头；

伸伸胳膊，伸伸胳膊，耸耸肩，耸耸肩；

扭扭屁股，扭扭屁股，弯弯腰，弯弯腰；

踢踢小腿，踢踢小腿，跳一跳，跳一跳。

3. 身体已经“发动”起来了，让我们跟着音乐一起做操吧！

宝宝，听着《棒棒糖》，一起来做操吧。天天锻炼身体棒，宝宝，以后每天早上起床都来做操吧！

活动延伸

1. 此活动适宜照护者与 24 个月 + 的宝宝经常互动。
2. 韵律操可以锻炼身体，同时促进身体的协调性，在掌握后建议照护者每天带宝宝跳一跳、玩一玩。

方案29 围着大树（24 个月 + ）

方案目标

婴幼儿发展目标：

1. 培养宝宝倾听能力，能跟随音乐中的语令提示做出相应数量的重复动作。
2. 通过对应鼓声、语令做动作，培养宝宝的节奏感。

照护服务者目标：

提高照护者音乐游戏水平。

方案环境

安全、熟悉、较安静的环境，若在室内完成，可以用桌凳作为大树，若在户外进行，可以直接选择一棵大树。

父母（或者其他照护者）。

注意事项：在游戏前用铃鼓和宝宝玩节奏游戏，小鼓响几下，宝宝跳（拍手、跺脚、眨眼等各种身体动作）相应做几下；宝宝熟悉游戏后，可以用伴奏乐，照护者用其他声音（拍手、跺脚等）和宝宝玩游戏。

方案互动

1. 播放音乐《hello，小朋友》，和宝宝微笑问候、拥抱，并将此作为每次游戏的开端，培养宝宝的秩序感。
2. 节奏游戏。
   ① 照护者拿出铃鼓（也可拍手），宝宝仔细听，1、2，小鼓响了 2 下，宝宝也跳两下，1、2。
   ② 宝宝仔细听，1、2、3，小鼓响了几下？宝宝跳几下呢？
3. 和音乐一起快乐游戏。
   ① 和宝宝一起围着大树游戏，仔细听，音乐里的小鼓响了几下？
   ② 宝宝，除了跳，我们还可以怎么玩呢？跟着音乐再来一次吧。

活动延伸

1. 此活动适宜照护者与 24 个月 + 的宝宝经常互动。
2. 当宝宝已经学会了听节奏的游戏方法后，照护者可以在日常多和宝宝进行节奏游戏，培养宝宝的倾听能力。照护者拍一个节奏，宝宝复述一个节奏（可以拍手，也可以用任何的肢体动作）。节奏从易至难、从短到长，如“啪、啪、啪啪啪”X X| X X X|，再如“啪、啪啪；啪，啪啪”X X X |X X X | 等。

方案 30 火红的萨日朗（24 个月 +）

方案目标

婴幼儿发展目标：

1. 能够跟随音乐的节奏敲击乐器，喜欢奏乐活动。
2. 通过不同的敲击方式感知音乐的节奏。喜欢亲子奏乐活动。

照护服务者目标：

提高照护者对宝宝的照护水平和音乐游戏水平。

方案环境

安全、熟悉、较安静的环境，尽量空旷，便于宝宝移动游戏。

父母（或者其他照护者）。

注意事项：从家中唾手可得的“乐器”开始，活动前，可以带宝宝找一找“好听的声音”，感受每种生活用品不一样的音色；宝宝熟悉游戏后，可以邀请更多照护者（家庭成员参与），可以用不同的“乐器”敲击相同的节奏，也可用不同的“乐器”敲击不同的节奏。

方案互动

1. 播放音乐《hello，小朋友》，和宝宝微笑问候、拥抱，并将此作为每次游戏的开端，培养宝宝的秩序感。
2. 宝贝，让我们一起去找一找家里好听的声音吧！

拿起筷子敲敲碗，听，这是什么声音？用手拍拍锅，又是什么声音呢？废旧的药盒装豆子，调料盒装大米，仔细听，它们的声音一样吗？

3. 让我们跟着欢快的音乐，一起来演奏吧！宝宝，你喜欢哪种乐器，我们一起来演奏吧。

活动延伸

1. 此活动适宜照护者与 24 个月 + 的宝宝经常互动。
2. 如果学会了这些有趣的节奏和表演方法，让我们试试更多好听的音乐吧！

第四章

语言课程
——图书馆时光

具体照护服务方案

方案1 抱抱（6个月+）

方案目标

婴幼儿发展目标：

1. 理解“抱抱”的语义。
2. 照护者说“抱抱”时能正确发出“抱抱”的语音，并会用伸手的动作表达。
3. 能够用语音和动作，对照护者表达“抱抱”的情感需求。

照护服务者目标：

1. 了解宝宝语言发展的情况，提高照护过程中对宝宝的科学照护能力。
2. 帮助宝宝实现“抱抱”的正确发音。

方案环境

室温下温馨、安静、安全的阅读环境。

照护者洗净手，保持衣着整洁，手指、手腕、脖子、耳朵均不佩戴任何装饰物。

注意事项：在宝宝充分休息后进行阅读交流；讲故事时声音轻、缓，观察宝宝的反应，及时与宝宝互动；注意讲故事时，要先讲完话，再做动作，不可一边讲一边做，宝宝注意的广度不够；照护者在阅读、强化训练期间全程陪伴，注意宝宝情绪变化。

方案互动

1. 室内播放轻柔的音乐，拿出准备好的小猩猩手偶，同时和宝宝握握小手，碰碰头，微笑互动，精神放松。
2. 用绘本封面大猩猩妈妈抱小猩猩的姿势拥抱宝宝，并说出“抱抱”，引出绘本故事《抱抱》。
3. 通过情景模拟或绘本阅读，引导宝宝理解“抱抱”的语义，鼓励宝宝表达。

① 根据绘本内容，通过语调和表情的变化，说出“抱抱”。用相应的动作

引导宝宝观察绘本的动物动作，理解“抱抱”的语义。

② 面对宝宝，通过不同的语调与宝宝“对话”，主动要求抱抱，加深宝宝对“抱抱”的语义理解。

③ 在宝宝熟悉的托育中心、社区等地方，鼓励宝宝向照护者或亲近的人表达“抱抱”。

④ 照护者根据实际情况，通过语言提示，鼓励、引导宝宝说出“抱抱”。

4. 在温馨的抱抱行为下结束此活动。

活动延伸

在日常生活照护中延续此活动，在宝宝有情感需求时，鼓励宝宝用语言和动作表达“抱抱”。还可以对爸爸、妈妈、爷爷、奶奶等熟悉的家庭成员或社会成员进行爱的抱抱的训练。

方案2 蹦（10个月+）

方案目标

婴幼儿发展目标：

1. 能在照护者的鼓励、引导下理解“蹦”的含义。
2. 感受发爆破音的快乐，能够听指令做模仿动作。

照护服务者目标：

1. 通过语调、表情、动作的配合，能够有效吸引宝宝，使宝宝理解“蹦”的含义。
2. 能够关注宝宝状态变化，增强表情、动作互动，关注宝宝情感需求，并积极回应。
3. 能在绘本故事讲述过程中，了解宝宝现有的语言表述和语义理解的发展情况，用互动提升宝宝的语言发展。

方案环境

室温下温馨、愉悦的阅读环境。

照护者洗净手，保持衣着整洁，手指、手腕、脖子、耳朵均不佩戴任何装饰物。

注意事项：在宝宝精神饱满、情绪平稳的状态下进行阅读交流；地面铺上泡沫软垫，确保宝宝安全；观察宝宝的反应，及时调整动作、音量。

方案互动

1. 室内播放轻柔的音乐，和宝宝微笑问候互动，精神放松。
2. 拿出绘本，观察封面。
3. 根据绘本内容，观察宝宝倾听的反应，引导宝宝模仿表达。
   ① 结合宝宝的实际情况，阅读绘本时通过表情和语调的变化，吸引宝宝。注意介绍主体，如“青蛙，蹦！小猫，蹦！……”
   ② 面对宝宝，通过毛绒玩具的辅助，模仿绘本内容，用动作引导宝宝理解“蹦”的含义。
   ③ 结合宝宝情况，通过停顿等待的形式，鼓励宝宝表达。
   ④ 说完动物的名称后，等待宝宝补充，可用动作表现鼓励。
4. 互动游戏——补充回答、模仿动作：“蹦一停、高一低、快一慢”；通过游戏加深宝宝对“蹦”的理解，以及喜欢表达的愿望。

活动延伸

照护者可以陪宝宝来到户外，感受大自然，让宝宝爱上运动。

方案3 点点点（10个月+）

方案目标

婴幼儿发展目标：

1. 通过反复的动作及语言示范，引导宝宝通过动作，理解、表达“点”。

2. 初步认识颜色，尝试说出颜色名称。
3. 宝宝尝试自主进行指图游戏，发展手眼协调能力，体验阅读乐趣。

照护服务者目标：

1. 照护者通过绘本情节讲述，在动作与语言的配合下，增强宝宝语言表达的能力。
2. 在绘本故事讲述过程中，了解宝宝现有的语言表述和语义理解以及认知的发展情况。

方案环境

安全、温馨、愉悦的阅读环境或者活动室。

照护者洗净手，保持衣着整洁，手指、手腕、脖子、耳朵均不佩戴任何装饰物。

注意事项：在宝宝充分休息后进行阅读交流，注意对宝宝阅读积极性的调动；在进行颜色认知时放缓进度，注意认知量的把握，避免因速度过快或内容过多造成宝宝出现记忆混乱。

方案互动

1. 室内播放音乐，照护者与宝宝玩拍手歌，进行律动问好。
2. 出示绘本，通过语言与动作结合示范，引导宝宝用手点封面上的点点。
3. 根据绘本内容逐步讲述故事内容，帮助宝宝理解“点”的语义，鼓励宝宝在游戏时表达，初步认识颜色。
   ① 故事开篇引导宝宝认识黄色，引导宝宝伸出手指“点点”，鼓励宝宝边游戏边表达，念“点点点，黄点点；点点点，红点点……”。
   ② 通过绘本内容和指认活动帮助宝宝认识颜色。注意：在这一环节要放缓速度，待宝宝能初步认知一种颜色后，再进行下一种颜色的认知，避免宝宝记错。
   ③ 提供自主游戏的机会，让宝宝自主操作，照护者在旁引导、鼓励。
   ④ 照护者用夸张的动作和变化的语调，陪同宝宝共同游戏，强化宝宝的认知和表达。
4. 再次讲述绘本内容，照护者与宝宝进行互动，强化宝宝对三种颜色的认识与“点”的发音。

活动延伸

在日常活动中多引导幼儿主动观察生活中出现的几种基本颜色，加强对宝宝的动作训练。

方案4 收起来（10个月+）

方案目标

婴幼儿发展目标：

1. 通过绘本内容理解“收起来”的语义。
2. 欣赏语言的节奏感，学会倾听。
3. 听指令模仿表达“收”，发展手眼协调能力。

照护服务者目标：

1. 照护者能在绘本讲述中，提升对语言的掌握能力，用科学的语言表达。
2. 通过活动能观察到宝宝的年龄特征与宝宝的发展情况，做出适时的难度调整。
3. 观察宝宝状态的变化，能够及时互动或调整语言。

方案环境

温馨、愉悦的阅读环境。

照护者洗净手，保持衣着整洁，手指、手腕、脖子、耳朵均不佩戴任何装饰物。

注意事项：在宝宝充分休息后，精力充沛，相对安静的情况下进行阅读交流；讲故事时语速放缓，吐字清晰，观察宝宝的反应；阅读儿歌时，节奏保持一致，不可随意变换。

方案互动

1. 与宝宝简单拥抱，相互问好。
2. 拿出绘本，和宝宝在温馨、愉悦的环境中共同阅读。
3. 结合绘本，通过语调的变化，突出“收起来”，在画面的配合下，引导宝宝理解“收起来”的语义。

① 结合绘本内容，调整语调，吸引宝宝的注意力，通过点读的方式，引导宝宝观察画面，理解“收起来”的语义。

② 有节奏地重复绘本中的儿歌，引导宝宝模仿表达“收起来”。

③ 有节奏地重复儿歌，宝宝通过听指令做动作，“xxx，收起来”。

4. 故事讲述结束后，拿出毛绒玩具，以表演的形式，重复儿歌，强化宝宝的理解和表达。

活动延伸

在日常生活中，在宝宝玩完玩具后，可有节奏地重复儿歌，强化理解与模仿表达，同时引导宝宝学会简单收拾玩具。

方案5 睡觉（10个月+）

方案目标

婴幼儿发展目标：

1. 理解“睡觉”的语义，在表达上转化为“觉觉”或“睡觉觉”。
2. 能在照护者的指导下，愿意听指令做模仿动作。
3. 在照护者生动形象的讲述下，能认真倾听，初步形成倾听的习惯。

照护服务者目标：

1. 了解宝宝语言和认知发展的情况，提高科学照护能力。
2. 帮助宝宝正确理解“睡觉”的语义，并鼓励宝宝尝试对“睡觉”进行正确发音。

方案环境

室温下的温馨、安静、安全的阅读环境。

安全、卫生的绘本（布书、圆角图书）。

照护者洗净手，保持衣着整洁，手指、手腕、脖子、耳朵均不佩戴任何装饰物。

注意事项：讲故事时声音轻、缓，观察宝宝的反应，引导宝宝及时模仿动作，及时与宝宝产生互动；关注宝宝的注意力和注意的广度，及时调整语速和方法；照护者在阅读、强化训练期间全程陪伴，注意宝宝情绪及精神状态变化。

方案互动

1. 室内播放轻柔的音乐，拿出绘本或根据绘本内容依次拿出准备好的动物手偶，同时请宝宝躺在床上，照护者和宝宝握握手，微笑互动，精神放松。
2. 通过情景模拟或绘本阅读，引导宝宝理解“睡觉”的语义，鼓励宝宝进行发音。
   ① 根据绘本内容，通过语调和表情的变化，不断对“睡觉”字样重复。用“打哈欠”的行为动作引导宝宝模仿，初步建立“打哈欠”与“睡觉”之间的联系。
   ② 通过不同的语音，吸引宝宝的注意力，培养宝宝认真倾听的习惯（注意观察宝宝的面部表情，及时调整方法）。
   ③ 通过重复的方式，引导宝宝发出“睡觉”的重叠音，如觉觉，睡觉觉等。
3. 通过照护者与宝宝之间的拥抱，在温馨的氛围下，结束此活动。

活动延伸

在日常生活照护中，可在宝宝入睡前引导宝宝用语言表达“睡觉”；照护者在照护中通过不断的重复加深宝宝对“睡觉”“觉觉”“睡觉觉”的理解，鼓励宝宝自主表达。

方案6 你好（12个月+）

方案目标

婴幼儿发展目标：

1. 结合故事情境理解“你好”的语义。

2. 用生动形象的语言引导宝宝认真倾听，鼓励宝宝模仿、表达“你好”。
3. 通过照护者创造的生动形象的语境，使宝宝喜欢倾听故事，感受语言的韵律美。

照护服务者目标：

1. 照护者通过模拟故事情节，以及创设语境，提升自身对语言的掌握能力，提升宝宝的阅读能力，掌握宝宝的认知和语言的发展情况，做出适时的调整。
2. 照护者调动宝宝爱模仿的特点，运用生动的语言引导宝宝理解、模仿，观察宝宝的行为表现，反思提炼，提高科学照护能力。

方案环境

室温下的安全、温馨、安静的环境或者便于进行情景表演的安全、安静的活动室。

照护者洗净手，保持衣着整洁，手指、手腕、脖子、耳朵均不佩戴任何装饰物。

注意事项：在宝宝充分休息后进行阅读交流，注意对宝宝阅读积极性的调动；讲故事时注意声音的轻重缓急，根据不同角色灵活变换音色，观察宝宝的反应，及时与宝宝产生眼神或动作互动；关注宝宝的注意力以及倾听的状态，适时增加互动机会。

方案互动

1. 室内播放轻柔的音乐，与宝宝微笑问好后出示绘本。
2. 根据绘本内容逐步向宝宝讲述故事内容；过程中通过点读引导宝宝主动说出“你好”，学会挥手问好。
   ① 根据绘本内容讲述，通过语调的变化重点突出“你好”，为接下来宝宝的发音进行初步铺垫，注意培养宝宝良好的倾听习惯。
   ② 在宝宝第一次阅读完绘本内容后，邀请宝宝再次与照护者共同进行翻阅、点读，通过音色的变化突出故事中“你好”的发音，引导宝宝尝试说出“你好”。
3. 在宝宝能够进行“你好”的发音后，出示动物手偶创设情境，强化宝宝表达能力。
   ① 根据故事发展逐步出示玩偶或手偶，引导宝宝进行“补充式”回答，如

“骨碌、骨碌、骨碌，小刺猬，你好！……”

② 有意将动物回答“你好”的部分进行留白，引导宝宝进行语言填充，逐渐强化宝宝的表达。

4. 情境表演结束后引导宝宝再次与照护者进行阅读活动，感受阅读活动的乐趣，愿意参与绘本阅读活动。

活动延伸

在日常活动中多引导宝宝与他人主动问好，并逐渐进行完整表达，如“xxx，你好”。

方案7 真好吃呀（12个月+）

方案目标

婴幼儿发展目标：

1. 提高宝宝对阅读的兴趣，喜欢翻阅图书。
2. 能在照护者的引导下理解“真好吃”，逐步尝试发音“真好吃”，感受对话的乐趣。
3. 在与照护者的共同阅读下初步认识故事中出现的动物或食物。

照护服务者目标：

1. 了解宝宝语言及发展的情况，结合不同阶段的年龄特征提高相应训练要求，提高科学照护能力。
2. 在照护过程中观察宝宝的行为，了解宝宝认识水平和理解能力，适时对宝宝进行强化训练。

方案环境

室温下的温馨、安静、安全的阅读环境。

照护者洗净手，保持衣着整洁，手指、手腕、脖子、耳朵均不佩戴任何装饰物。

注意事项：讲故事时声音轻、缓，照护者在讲述过程中注意引导幼儿共同翻阅、操作洞洞书；由于宝宝注意的广度不够，注意讲故事时，要先讲完话，再做动作，不可一边讲一边做；照护者在阅读、强化训练期间全程陪伴，注意宝宝情绪及精神状态变化。

方案互动

1. 室内播放轻柔音乐，先拿出洞洞书引导宝宝一同观察洞洞书封面的动物与形象，微笑互动，精神放松。
2. 通过与宝宝共同翻阅洞洞书，引导宝宝尝试发音，初步认识动物形象。
   ① 根据绘本内容，通过语调和表情的变化，用相应的动作引导宝宝观察绘本中的动物。
   ② 引导宝宝共同翻阅、欣赏绘本内容，通过不同的语调对宝宝进行经验强化。
   ③ 在宝宝初步认识动物形象后，运用语音的变化及动作、表情等重复引导幼儿尝试“真好吃”的发音。
   ④ 根据实际情况，通过语言提示，鼓励、引导宝宝说出“真好吃”。问：“xx 好吃吗？”答：“真好吃。”
3. 鼓励宝宝自行翻阅图书，感受洞洞书的不同。

活动延伸

在日常生活照护中可引导宝宝多观察不同动物的形象特征，鼓励宝宝多多进行发音尝试。

方案 8 大大的，小小的（18 个月 +）

方案目标

婴幼儿发展目标：

1. 尝试理解“大”“小”的语义。

2. 结合绘本故事欣赏，表达“大大的，小小的”或“大的，小的”。
3. 强化宝宝语言理解与表达能力，培养良好倾听习惯。

照护服务者目标：

1. 通过对绘本故事中宝宝与爸爸的对话，使照护者更加关注宝宝的情感需求，并积极满足，加强情感的连接。
2. 在绘本故事讲述过程中，了解宝宝现有的语言理解能力，适时降低或提高难度，增加阅读的认知面。进而调整更科学的照护方式。

方案环境

温馨、安静、安全的环境。

照护者洗净手，保持衣着整洁，手指、手腕、脖子、耳朵均不佩戴任何装饰物。

注意事项：在宝宝精神集中、充分休息后进行阅读交流；注意与宝宝的互动，结合宝宝的实际情况选择互动的次数；讲故事时语速要适中，吐字要清晰，观察宝宝的反应，及时调动情绪或增加动作；阅读时提问或阅读，同一层意思照护者前后表达语言要一致。

方案互动

1. 室内播放轻柔的音乐，和宝宝微笑问候互动。
2. 拿出绘本，用手指点读的方式给宝宝介绍封面，初步感知“大”和“小”的对应关系。
3. 在宝宝认识两位故事的主人翁后，逐步开始讲解绘本故事，帮助宝宝学会对两个相同的物体进行比较，并尝试表达“大”和“小”。
   ① 先与宝宝进行人物间的对比，从绘本封面过渡到现实生活，直接感知大小，如照护者的手“大大的”，宝宝的手“小小的”。
   ② 开始跟随绘本故事内容进行讲解，在讲到“大大的”“小小的”时有意放慢语速，带领宝宝通过绘本画面共同进行比较理解“大大的，小小的”语义。
   ③ 在宝宝能够初步理解后，可引导宝宝模仿表达，如“照护者的手大大的，宝宝的手小小的”等，鼓励宝宝模仿表达。
   ④ 通过“接着说”的方式，将重点词语处（大大的、小小的）进行语言留白，引导宝宝自行进行补充，强化宝宝的表达。

4. 再次连贯阅读绘本。在阅读时调动情绪，鼓励宝宝一起回应，感受阅读的快乐和表达的方式，同时通过“问答”形式，在生活中找宝宝熟悉的物体，强化宝宝的表达能力。

活动延伸

此活动，适宜照护者与 18 个月＋的宝宝互动，在日常生活照护中可对事物间大小进行对比，通过“照着说”“接着说”的方式，强化宝宝的表达能力。

方案 9 大大行，我也行（18 个月＋）

方案目标

婴幼儿发展目标：

1. 理解绘本内容，感受成功的快乐。
2. 初步学会“……能做……，我也能”的句式。
3. 能在照护者的鼓励下大胆表达自己会的事情，增强宝宝自信心。

照护服务者目标：

1. 能够在讲述中，结合绘本内容变化情绪与语调，创设语境。
2. 能观察到宝宝的情绪变化，适时给予鼓励，及时表扬鼓励，增加宝宝的自信心。
3. 在阅读中关注宝宝的语言理解能力和表达能力，掌握宝宝的情况，及时调整自身语言表达。

方案环境

在温馨、安静、安全的环境下进行阅读。

照护者洗净手，保持衣着整洁，手指、手腕、脖子、耳朵均不佩戴任何装饰物。

宝宝情绪平稳，有与同伴游戏、玩耍的经历。

注意事项：在宝宝相对安静、精力充沛、情绪稳定的情况下进行阅读交流；

讲故事时音量不宜过大，结合情景，有语调的变化；关注宝宝的情绪反应，及时与宝宝互动；关注宝宝的安全，防止宝宝因兴奋而模仿危险的动作。

方案互动

1. 室内播放轻柔的音乐，和宝宝拥抱，相互打招呼，精神放松。
2. 出示绘本，观察绘本封面，介绍主人公并点题。

大熊他的名字叫“大大”，小熊就是“我”啦！他们再说“大大行，我也行”，发生了什么有趣的事情呢，我们一起看看吧。

3. 宝宝与照护者共同翻阅，引导宝宝感受成功的快乐，鼓励宝宝模仿表达“……能做……，我也能”的句式，尝试做模仿动作。
   ① 通过语调、表情的变化和情绪的渲染，引导宝宝感受成功的快乐。
   ② 在阅读“大大……，我也……”句式时，情绪高涨、吐字清晰、语速要适中。在阅读小字（内心独白）时，要注意语气、表情的变化，通过语境的变化让宝宝感受成功的喜悦。
   ③ 通过情绪渲染，鼓励宝宝模仿表达“……能……，我也能”的句式，适当表扬鼓励，增强宝宝的自信。
   ④ 通过生动的语言表述，用留白的形式，引导宝宝模仿表达。例如，大大能跳，我也能跳（留白：我也能跳），指导宝宝补充表达，适时鼓励表扬。
4. 再次阅读绘本，通过问答形式，鼓励宝宝表达自己会的事情，如“爸爸能跳，我也能跳”。引导宝宝说出“……能，我也能……”的句式。在模仿表达中结束活动。

活动延伸

此活动，适宜照护者与 18 个月＋的宝宝互动，照护者在生活中可以经常与宝宝在各类环境中引导宝宝表达“……能……，我也能……”，并做模仿的动作。

方案10 菲菲生气了（18个月+）

方案目标

婴幼儿发展目标：

1. 结合绘本故事情节，初步理解“生气”的语义，能简单判断别人的表情是否“生气”了。
2. 通过绘本故事的欣赏，培养宝宝学会安静、认真倾听的习惯。
3. 用语言、表情和动作模仿“生气了”和“不生气了”。

照护服务者目标：

1. 通过共读绘本，关注宝宝情感需求，并及时引导，加强情感交流。
2. 用丰富的表情和动作去表现“生气”和“不生气”，帮宝宝理解和判断，与宝宝更多互动。

方案环境

室温下温馨、安静的环境。

有模仿、体验的空间。

照护者洗净手，保持衣着整洁，手指、手腕、脖子、耳朵均不佩戴任何装饰物。

注意事项：在宝宝情绪稳定、精力充沛的情况下进行共同阅读交流；在绘本讲述时，声音轻、缓，活泼，创设适宜的语境，同时观察宝宝的反应，及时与宝宝互动；阅读时可采取“点读”的方法，提升宝宝的倾听兴趣。

方案互动

1. 室内播放轻柔的音乐，将宝宝拥入怀中，微笑互动，提供轻松愉悦的阅读环境，精神放松。
2. 拿出绘本，用手指“点读”的方式给宝宝介绍主人公：菲菲。

观察封面人物，引导观察表情，重点强调“生气”，初步让宝宝感知生气的语气和表情。

3. 照护者开始阅读，通过模拟绘本语境，强调“生气”字样，观察宝宝倾听的反应。

① 通过语气变化，以及共同“点读”，观察绘本的方式，引导宝宝理解“生气”的语义。结合绘本图片，通过语气的变化和场景的动作模拟示范，引导宝宝模仿、理解“生气”的语义。

② 通过照护者的语言和动作模拟，引导宝宝用语言表达，同时结合实际情况给宝宝模仿的机会。

③ 通过“问答”交流的方式，了解宝宝的语言发展情况，鼓励宝宝通过语言表达“生气”。“姐姐把菲菲的大猩猩拿去玩了，菲菲，非常，非常……”。

4. 照护者通过反复表达或阅读，帮助宝宝理解、体会“生气”，鼓励宝宝表达。

活动延伸

照护者可以带领宝宝来到户外，感受大自然。引导宝宝向照护者表达自己的情绪。

方案11 猜猜我有多爱你（18个月+）

方案目标

婴幼儿发展目标：

1. 理解“你”“我”指代语，并能正确表达。
2. 模仿表达“你”“我”，感受一问一答的语言逻辑。
3. 认真倾听，感受父母对自己的爱，并愿意用“……我爱你”的句式表达。

照护服务者目标：

1. 通过绘本故事，使照护者关注宝宝情感需求，并积极满足，加强情感连接。
2. 引导宝宝用绘本中的句式表达彼此的爱，鼓励宝宝用书中没有的物体来表比喻表达。

方案环境

室温下温馨、安静、安全的阅读环境。

温馨、轻松、舒适的心理环境。

照护者洗净手，保持衣着整洁，手指、手腕、脖子、耳朵均不佩戴任何装饰物。

注意事项：在宝宝安静且精神饱满的状态进行阅读交流；讲故事时声音轻、缓，观察宝宝的反应，及时与宝宝互动。

方案互动

1. 室内播放轻柔的音乐，和宝宝微笑问候互动，精神放松，创设轻松愉快的语言环境。
2. 拿出绘本，用“点读”的方式给宝宝介绍封面和主人公：大兔子和小兔子。
3. 阅读绘本，根据故事情节，通过语调变化和指示性动作，强调重点字“你”“我”，观察宝宝倾听的反应。
   ① 在阅读时根据语境和绘本内容做出相应的指示性动作，引导宝宝理解“你”“我”的指代语义。
   ② 宝宝初步熟知绘本内容时，照护者在绘本语言出现“你”“我”字样时，通过“对话”补充的形式，鼓励宝宝模仿表达。
   ③ 利用绘本“一问一答”的语言逻辑，照护者通过“问答”形式，鼓励、引导宝宝在照护者问“你”时，通过“我”来回答。
   ④ 尝试寻找书中没有的物体来表达和比喻爱。
4. 互动阅读，照护者连贯阅读绘本。在阅读时带入动作示范，通过交流补充、问答等形式鼓励宝宝一起回应，调动情绪，感受阅读的快乐。

活动延伸

此活动，适宜照护者与 18 个月 + 的宝宝互动，在日常生活照护中可对“你”“我”的指代关系，加以强化；引导宝宝用“我”代替自己的名字；在生活中多使用爱的表达方式。

方案12 大卫，不可以（24个月+）

方案目标

婴幼儿发展目标：

1. 初步了解哪些事情是不可以做的，有初步的是非观念。
2. 理解“不可以”的语义，大胆表述“xxx 不可以……”。
3. 感受阅读的快乐，喜欢倾听、愿意听、愿意表达。

照护服务者目标：

1. 能够准确掌握绘本图片中的重点，简单明确地讲述故事内容，引导幼儿理解故事。
2. 帮助宝宝建立初步的是非观念，从生活中寻找事例，让宝宝判断哪些“不可以”。

方案环境

熟悉、空旷、安全的场地，温馨、舒适的阅读环境。

温馨、轻松、舒适的心理环境。

照护者洗净手，保持衣着干净整洁，手指、手腕、脖子、耳朵均不佩戴任何装饰物品。

注意事项：在宝宝安静且精神饱满的状态下进行阅读交流；讲故事时声音要结合绘本内容，有一定起伏，但音量不宜过大，观察宝宝的反应，及时与宝宝进行互动。

方案互动

1. 室内播放轻柔的音乐，照护者和宝宝相互微笑问候进行互动，精神放松。
2. 拿出绘本，用手指点读的方式给宝宝介绍封面和主人公“大卫”。
   ① 照护者用惊讶的语气、夸张的表情，用自问自答的形式，引出主题。
   ② 鱼缸马上就要掉下来啦！大卫，不可以！
3. 照护者开始阅读，根据故事的情节，观察宝宝倾听的反应，引导宝宝理解“不可以”的语义，并能大胆表达“不可以……”。

① 在阅读时根据语境和绘本内容作出相对应的表情动作和语气形容，引导宝宝理解“不可以”的语义。

② 宝宝初步熟知绘本内容时，照护者总结每页的故事情节，引导宝宝表达“不可以……”。例如，不可以站在很高的地方拿东西，那样很容易跌倒受伤。

③ 通过问答形式，鼓励宝宝表达自己的认知。例如，可不可以像大卫一样站在很高的地方拿东西？（等待宝宝思考回答，照护者不用着急给出答案）

4. 照护者结合生活实际情况，与宝宝做问答式交流，结束此阅读活动。

活动延伸

此活动，适宜照护者与 24 个月 + 的宝宝进行互动，在生活中遇到危险的事情，引导宝宝理解什么是不可以去做的，鼓励宝宝用语言来表达“不可以……”。

方案 13 好饿的毛毛虫（24 个月 +）

方案目标

婴幼儿发展目标：

1. 认识绘本中的水果和食物，了解它们的名称，能够说出它们的特征和味道。
2. 能在照护者的指导下，说出绘本中表达时间和数量的词。
3. 宝宝通过观察绘本的画面内容，感受洞洞书的乐趣，喜欢阅读，敢于大胆交流。

照护服务者目标：

1. 通过讲述绘本，观察宝宝认知的发展情况，对宝宝认知有难度的部分进行适宜的调整。
2. 能够通过幽默诙谐的语言和动作，吸引宝宝认识水果和食物。

方案环境

轻柔的音乐，温馨、舒适的阅读环境。

照护者洗净手，保持衣着整洁，手指、手腕、脖子、耳朵均不佩戴任何装饰物。

注意事项：在宝宝心情愉悦、相对安静的状态下讲述绘本；讲述绘本故事时，照护者用温柔的语言和眼神与宝宝进行交流；阅读时采取点读的方法，训练宝宝的注意力。

方案互动

1. 室内播放轻柔的音乐。
2. 打开绘本，通过问答的方式，引导宝宝认识封面内容。
3. 照护者开始阅读绘本故事，根据绘本中的水果和食物，引导宝宝去观察和认知。
   ① 第一段：在未出现水果时，阅读声音要轻柔，语言要清晰，吸引宝宝观察。
   ② 第二段：进入主题。照护者通过讲述，让宝宝初步了解水果和食物的名称；随着水果的出现，语气情绪由低到高，再由高到低变化，引导宝宝认知水果和食物。在宝宝有初步认知后，通过留白的方式与绘本相结合，鼓励宝宝说出名称。例如，星期一，他啃了一个苹果（留白：苹果）。
   ③ 第三段：深入主题。通过问答的方式与手指模拟毛毛虫的方式，巩固宝宝对水果和食物的认知与表达。例如，星期一，毛毛虫啃了一个什么呀?
   ④ 第四段：绘本结尾。通过毛毛虫最后变成了漂亮的蝴蝶，在欢快的情绪中结束阅读。
4. 和宝宝一起表演“毛毛虫”，做模仿动作。

活动延伸

照护者在日常生活中，逐步增加宝宝对物品的认知，结合宝宝的发展情况，适宜添加一个、一根、一片等词语。

方案14 我妈妈（24个月+）

方案目标

婴幼儿发展目标：

1. 感受和表达自己对妈妈的爱和崇拜之情。
2. 理解绘本中对妈妈的描述，尝试大胆表述“我妈妈，真的、真的很棒”。
3. 结合绘本夸张的表现手法，仔细观察阅读，能有意倾听。

照护服务者目标：

1. 引导宝宝说说妈妈会什么，表达对妈妈的喜爱和认同。
2. 照护者通过本情节的讲述，在情感和内容相结合下，模仿和表达妈妈会做的事情。

方案环境

熟悉、空旷、安全的场地和温馨、舒适的阅读环境。

温馨、轻松、舒适的心理环境。

照护者洗净手，保持衣着干净整洁，手指、手腕、脖子、耳朵均不佩戴任何装饰物品。

注意事项：在宝宝安静且精神饱满的状态下进行阅读交流；讲故事时声音要轻、缓，观察宝宝的注意力，及时与宝宝进行互动；注意情感的渲染，引导宝宝对妈妈产生崇拜之情。

方案互动

1. 室内播放轻柔的音乐，和宝宝相互微笑进行互动，精神放松。
2. 拿出绘本，用手指点读的方式给宝宝介绍封面和主人公“我妈妈”。
3. 与宝宝共同阅读，根据故事的情节，通过语境的变化，引导宝宝理解故事内容，强调“我妈妈，真的、真的很棒”。
   ① 根据语境和绘本内容作出相对应的表情动作和语气，引导宝宝认真倾听、理解故事。
   ② 通过句式强调，引导宝宝模仿表达句式，并竖起大拇指夸妈妈。

③ 每阅读一页，都强调一次“我妈妈，真的、真的很棒”，让宝宝初步感知；在中途鼓励宝宝大胆模仿表达。

④ 通过留白补充的形式，引导宝宝大胆表述句式。

在讲述完一页后，将“我妈妈，真的、真的很棒”句式留白，等待宝宝表述。通过鼓励的形式，逐步让宝宝表达完整的句子。

活动延伸

此活动，适宜照护者与 24 个月 + 的宝宝进行互动，在日常生活中可以用“宝宝，你真的、真的很棒”鼓励宝宝，引导宝宝说出同样的句子。

方案15 不要随便亲我（26 个月 + ）

方案目标

婴幼儿发展目标：

1. 理解绘本故事的内容，学会对不喜欢的事物说“不要……”，有初步自我保护意识。
2. 能够大胆表达自己的想法，发展语言理解和表达能力。

照护服务者目标：

1. 照护者能够运用实际的动作、对话和表情，引导宝宝理解故事内容。
2. 照护者根据讲述的情况，对宝宝的判断能力和认知能力进行判断，及时调整讲述方式。
3. 告诉宝宝不可以亲的理由，适时教育宝宝学会保护隐私部位。

方案环境

安静、轻松的阅读环境。

照护者洗净手，保持衣着整洁，手指、手腕、脖子、耳朵均不佩戴任何装饰物。

注意事项：在宝宝有兴趣和专注力的时候，进行阅读；轻音乐声音不要太大，注意眼神间的交流；阅读时可采取语言与图文对应“点读”的方法，增强宝宝的理解。

方案互动

1. 在安静舒适的图书区；播放舒缓的音乐，和宝宝进行相互问好。
2. 拿出绘本，用手指“点读”的方式给宝宝介绍绘本的封面。小女孩拿着雨伞，挡住一个翘着嘴巴的人说：“不要随便亲我”，为什么呢？
3. 照护者开始进行绘本阅读，根据小女孩的表情变化引导宝宝进行观察思考：为什么不喜欢别人亲她。

① 第一次：讲述绘本故事内容，引导宝宝认真倾听，理解故事内容，表达自己的想法。

结合每一故事情节，重复询问：小女孩为什么不喜欢客人亲亲呢？鼓励、等待宝宝表述听到的内容。

② 第二次：引导宝宝倾听，鼓励宝宝模仿表达“不要……”。

在讲述故事的时候，要轻言细语，注意引导宝宝去观察小女孩的情感变化。通过重塑故事情节，鼓励宝宝模仿表达“不要……”。

在讲述每个故事情节时，固定句式，通过对话留白的形式，鼓励宝宝模仿表达。例如，宝宝遇到嘴巴有怪味的叔叔、阿姨要亲你的时候，会说“不要随便亲我”（留白：不要随便亲我）。

③ 结尾：紧扣主题引导宝宝理解，遇到自己不喜欢的事情，大胆说“不”。

通过语言的渲染，引导宝宝去感受主人公的表现。根据绘本内容，提炼绘本教育价值，引导宝宝理解小女孩说不要别人亲，勇敢用行动和语言去拒绝。鼓励宝宝，在面对宝宝不喜欢的事情时，要勇敢地说“不”。

4. 提升宝宝自我保护的经验。

宝宝不喜欢什么呀？遇到不喜欢的事，你可以怎么说呀？身体哪些部位不可以亲？不可以摸？

活动延伸

此次活动，适宜照护者与 26 个月 + 的宝宝进行互动，在日常活动中可以引导宝宝勇敢表达自己的想法，及时发现自己喜欢的事物和不喜欢的事物。

方案16 月亮的味道（26个月+）

方案目标

婴幼儿发展目标：

1. 理解齐心协力尝到月亮的快乐，愿意给小动物鼓劲加油。
2. 能够大胆用“……叫来了……”的句式，叙述故事情节。

照护服务者目标：

1. 照护者通过绘本讲述，了解宝宝的认知能力，帮助宝宝理解“……叫来了……”的语义，并鼓励宝宝大胆表达。
2. 照护者能够简单清晰地围绕主题回答宝宝的提问，观察宝宝的状态，及时互动。

方案环境

安静、放松的阅读环境。

照护者不留长指甲、不佩戴首饰。

注意事项：应选择宝宝精力比较好的时候，相对安静的情况下进行阅读；在讲述的过程中，及时关注宝宝的表情变化，及时调整教育策略；采取点读的形式，引导宝宝理解句式的语义。

方案互动

1. 室内播放舒缓的音乐，和宝宝互相问好。
2. 拿出绘本，引导宝宝观察封面。今天我们一起看一个关于月亮味道的故事，月亮是什么味道的呢？我们一起看看吧！
3. 阅读绘本故事，清晰的讲述“……叫来了……”，引导宝宝理解语义，大胆讲述。

   ① 第一段：绘本开篇到小海龟爬到山顶，还是够不着。用充满疑惑的语气阅读，引起宝宝的兴趣，并给小动物加油。

   ② 第二段：从小海龟叫来了大象到猴子叫来了老鼠。通过情绪的渲染和语调的变化，引导宝宝理解“……叫来了……”的句式。

③ 第三段：从肯定做不到直至结尾。用诙谐幽默的语调，调动宝宝的情绪，初步了解合作带来的快乐。

4. 在宝宝对绘本内容有一定感知下，通过提问的方式，引导宝宝表达“……叫来了……”。

例：小海龟够不着月亮，它是怎么做的？（通过模仿、补充，帮助宝宝表达完整的句子）。

5. 内容提炼，初步让宝宝理解相互帮助带来的快乐。

再完整地阅读绘本故事内容。总结：小动物们刚开始都想尝尝月亮的味道，可是自己怎么也够不着，后来大家一起相互帮助，大家都尝到了月亮的味道，看看他们多么高兴呀。

活动延伸

此活动，照护者可以在日常生活中，将“……叫来了……”融入到生活环节中，通过重复的方式引导宝宝加深理解，学会更加灵活的运用。

方案17 我爸爸（27个月+）

方案目标

婴幼儿发展目标：

1. 通过绘本能理解和感受爸爸的种种本领，增加对爸爸的崇拜之情。
2. 能够用“我爸爸……像……一样……”的句式，表达出爸爸的许多本领。
3. 学会模仿爸爸的语言、动作和表情等，感受亲情。

照护服务者目标：

1. 照护者能够把握语速，通过情景的不同变化表情和语调，促进照护者的语言把控能力。
2. 引导宝宝通过模仿爸爸在生活中的动作和表情等，建立对爸爸的崇拜之情。

方案环境

温馨、安静的阅读环境。

照护者洗净手，保持衣着整洁，手指、手腕、脖子、耳朵均不佩戴任何装饰物。

注意事项：在宝宝充分休息后，相对安静的状态下进行阅读交流；讲故事时注意语言的起伏，引导宝宝观察，在宝宝需要互动时，及时反馈。

方案互动

1. 室内播放轻柔的音乐，使宝宝心情愉悦，精神放松。
2. 出示绘本，介绍封面，并点题。这个穿格子衬衫的人是我爸爸，他做鬼脸的样子真好笑。
3. 开始阅读。

① 讲述绘本内容，指导宝宝观察爸爸穿的衣服，引导宝宝对爸爸进行赞美，激发宝宝对爸爸的崇拜之情；结合绘本故事，通过语气和表情的变化，结合语言引导宝宝赞美爸爸。

例：爸爸什么都不怕，连大灰狼都不怕。他真棒！

② 鼓励宝宝模仿，初步学会“我爸爸……像……一样……”的句式。

例：我爸爸吃得像马一样多。

③ 通过留白补充的方式，鼓励宝宝大胆表达。

例：我爸爸……（吃得）像……（马）一样……（多）。（留白等待宝宝补充）

4. 与宝宝共同阅读，通过留白补充的方式，强化宝宝的表达，促进宝宝对爸爸的崇拜之情。

活动延伸

此活动适宜照护者与 27 个月 + 的宝宝互动，可以多和宝宝一起散步、游泳、唱歌、跳舞，共同去做绘本里爸爸做的事，学会赞美爸爸。

方案18 大卫惹麻烦（30个月+）

方案目标

婴幼儿发展目标：

1. 认真倾听，理解故事内容。
2. 初步了解调皮捣蛋和撒谎的行为都是不对的，学会承认错误，并说“对不起”。
3. 知道犯了错，大胆承认是勇敢的行为。

照护服务者目标：

1. 在绘本故事讲述的过程中，能够仔细观察宝宝的情绪变化，正确引导宝宝了解错误的行为。
2. 在日常生活中提高纠正错误的能力。
3. 能在讲述中，用动作和语言让宝宝体会到充满爱的阅读环境。

方案环境

温馨、舒适的阅读环境。

和谐、轻松、舒适的心理环境。

照护者洗净手，保持衣着干净整洁，手指、手腕、脖子、耳朵均不佩戴任何装饰物品。

注意事项：在宝宝安静且精神饱满的状态下进行阅读交流；讲故事时声音要轻、缓，观察宝宝的反应，及时进行正面引导；注意观察宝宝的表情变化，了解心理变化，及时交流引导。

方案互动

1. 室内播放轻柔的音乐，和宝宝相互问候，精神放松。
2. 拿出绘本，用点读的方式、疑问的语气给宝宝介绍封面和主人公“大卫”。
   大卫很不高兴地坐在那里，是为什么呢？我们一起来看看，发生了什么事！
3. 阅读绘本，解读故事情节，通过语调的变化，引导宝宝认知错误的行为表现。
   ① 根据绘本内容，通过解读图片，引导宝宝观察绘本中大卫的错误行为。
   例：大卫他闯祸啦，把全身都画满了水彩笔印，他每次闯祸的时候，总会说

“不，这不是我的错”。

② 根据实际情况，通过语言的提示，引导宝宝认知错误的行为。

例：大卫把全身都画满水彩笔印，这样做对吗？水彩笔应该在哪里画画呀？

4. 利用绘本通过情感表达，引导宝宝理解承认错误是一个勇敢的行为，鼓励宝宝表达：对不起。

例：大卫在睡觉的时候，突然坐了起来，嘴里说到“是，是我干的，对不起”。然后妈妈温柔地告诉大卫“妈妈，爱你”。

大卫说了什么、妈妈就原谅了他呀？（等待宝宝回答，适时指导宝宝通过“对不起”来回答）。

5. 认知迁移，结合生活实际，列举一些宝宝犯错的行为，引导宝宝表达“对不起”来承认错误。

活动延伸

此活动，适宜照护者与 30 个月 + 的宝宝进行互动，在日常生活中宝宝们犯错时，鼓励宝宝用语言表达“对不起”。

方案 19 大卫上学去（30 个月 + ）

方案目标

婴幼儿发展目标：

1. 对说故事产生兴趣，能大胆表述自己的想法。
2. 结合绘本故事情节和语言、表情的变化，初步感知在学校或幼儿园要遵守的规则。
3. 能够安静、认真倾听，用自己的语言表述自己的理解。

照护服务者目标：

1. 能够简单明了地解读绘本内容，引导宝宝说完整的话。
2. 照护者能够根据绘本的情节引导宝宝理解简单的规则，并鼓励宝宝大胆表述自己的想法。

方案环境

温馨、舒适、安全的阅读环境。

平静、舒适的心理环境。

照护者洗净手，保持衣着干净整洁，手指、手腕、脖子、耳朵均不佩戴任何装饰物品。

注意事项：在宝宝安静且精神饱满、注意力相对集中的状态下进行阅读交流；讲故事时吐字要清晰，速度不易过快，音量不宜过大，观察宝宝的反应，及时与宝宝进行互动；关注宝宝的倾听情况和意愿，及时抓住教育契机，做出正确引导。

方案互动

1. 室内播放轻柔的音乐，创设轻松愉悦的阅读环境。
2. 拿出绘本，用轻柔的语言给宝宝介绍封面。大卫在学校玩纸飞机，看他的表情好开心呀，我们一起翻开看看吧！
3. 通过问答的方式，与宝宝共同解读绘本故事，引导宝宝理解故事内容，初步感知规则。

   ① 用问题引起宝宝的阅读兴趣。大卫上学去了，可是他的老师为什么总是说，“大卫，不可以；不可以大叫；不可以推人呢”？（等待宝宝表达）。

   ② 通过简单解读的方式，让宝宝初步理解画面的内容。

学校已经上课了，大卫刚刚到学校，老师对着大卫说：“大卫，你迟到啦！”大卫回答了问题，在那里做鬼脸。老师对大卫说：“大卫，回去坐好！”

   ③ 通过问答的形式与宝宝共同解读绘本内容，初步理解规则，鼓励宝宝大胆讲述自己看到或猜到的内容。

老师为什么说“大卫，你迟到了！”？老师为什么说“大卫，回去坐好！”？

4. 互动阅读，通过交流补充、问答等形式，指导宝宝认知相应的规则，鼓励宝宝一起回应，感受阅读的快乐。

去学校上课，我们不能……？回答了问题，我们应该……？

活动延伸

此活动，适宜照护者与 30 个月 + 的宝宝进行互动，在日常生活中逐步建立宝宝的规则意识，照护者可通过示范、指导、重复的方式，对宝宝进行简单的规则建立。

方案20 我喜欢我的小毯子（30个月+）

方案目标

婴幼儿发展目标：

1. 理解故事内容，说说自己喜欢的玩具或物品。
2. 能够耐心倾听故事，感受绘本内主人公的情绪变化，喜欢阅读带来的愉悦情绪。
3. 引导宝宝大胆表述自己的看法。

照护服务者目标：

1. 照护者用自己独特的语言讲述绘本故事，引导宝宝大胆表述自己的想法。
2. 结合绘本故事内容，引导宝宝感受自己的成长。

方案环境

安静、放松的室内阅读环境。

干净、安全的绘本（布书、圆角图书）。

照护者不浓妆艳抹，不佩戴首饰，注意清洗干净双手。

注意事项：在讲述故事的过程中，语气温柔；照护者在讲述故事的过程中，注意观察宝宝的情绪状态，最好在宝宝情绪好的状态下参与互动。

方案互动

1. 室内播放音乐，和宝宝共同问好，进行讲述绘本故事前的互动。
2. 拿出绘本，用点读的方式和宝宝一起观看绘本故事封面。有一只小兔子抱着一块小毯子，他们之间会发生一个什么样的故事呢？
3. 和宝宝一起打开绘本，共同阅读绘本故事内容。采用点读的方式，感受小兔子在小毯子身上获得的安全感和依恋感。

   ① 对关键词进行简单强调，引导宝宝理解绘本的主要内容，初步感知安全和依恋。

   例：长大、我喜欢、和小毯子永不分离等。

   ② 通过语气和表情的渲染，引导宝宝感受主人公的情感变化，进一步理解安全感和依恋。

阅读时，注意三次情绪的转变，创设相应的语境让宝宝感知变化。

4. 再次为宝宝讲述绘本故事，通过问答引导宝宝大胆表述自己的想法。

例：小兔子都长大了，为什么还要和小毯子永不离弃呢？

小兔子的小毯子不见了，他很不高兴，后来他为什么没有再去找小毯子了？

5. 小兔子最后看到了一个奇怪的东西，会是什么呢？

6. 亲切的和宝宝进行拥抱，结束此活动。

方案21 小蓝和小黄（30个月+）

方案目标

婴幼儿发展目标：

1. 运用色彩的变化和语言的表达，使宝宝产生好奇和兴趣，学会安静、认真的倾听。
2. 认识黄、蓝、绿三种颜色，并能说出他们的名称。
3. 通过感知颜色的变化，引发宝宝大胆想象，并敢于表达出自己的想法。

照护服务者目标：

1. 照护者能用抑扬顿挫、充满喜悦的语调讲述绘本，使宝宝快乐阅读。
2. 观察宝宝现有的语言表述和语义理解的发展情况，提升照护者对宝宝的认识，并能做出适宜的语言表达，促进阅读的有效性。

方案环境

熟悉、空旷、安全的场地，温馨、舒适的阅读环境。

照护者洗净手，保持衣着干净整洁，手指、手腕、脖子、耳朵均不佩戴任何装饰物品。

注意事项：在宝宝充分休息后进行阅读交流；讲故事时声音要轻、缓，吐字清晰；阅读时提升宝宝对色彩变化的理解和大胆的想象与表达。

方案互动

1. 室内播放轻柔的音乐，和宝宝进行互动，精神放松。

2. 拿出绘本，用点读的方式给宝宝介绍封面和主人公“小蓝和小黄”。这是今天的主人公，小蓝和小黄。咦，中间怎么还有一个绿色，怎么回事呢？
3. 开始阅读，根据故事的情节，通过点读的形式，引导宝宝认识这三种颜色，并能清晰地表达颜色名称。

① 介绍小蓝家和小黄家，加深宝宝对颜色的认知。

② 绘本中游戏环节，通过问答的方式引导宝宝认识蓝、黄、绿三种颜色。

例：他们最喜欢躲猫猫，小黄躲在哪里？小蓝躲在哪里？

③ 通过问答的方式，鼓励宝宝表达出颜色的名称。

指着颜色问：这是谁呀？等宝宝回答。

4. 通过问答方式，加深对绿色的认识。

例：小黄和小蓝回家后，为什么他们的爸爸妈妈都不认识他们了？

活动延伸

此活动，适宜照护者与 30 个月 + 的宝宝进行互动。30 个月龄的宝宝能够认识 3 种颜色，在日常生活中可对三种颜色进行认知，或在美工区满足宝宝对颜色的变化进行探索。

方案 22 棕色的熊，棕色的熊，你在看什么？（30 个月 +）

方案目标

婴幼儿发展目标：

1. 通过绘本故事欣赏，能够理解“…… 你在看什么？”的语义。
2. 在照护者的引导下结合故事内容进行对话。
3. 感受语言的韵律之美，喜欢模仿，感受模仿表达的快乐。

照护服务者目标：

1. 照护者能够将语言的韵律和诗意表达出来，帮助宝宝感受语言的美感。
2. 照护者通过阅读，关注宝宝的认知需求，适时做出方式的改变，提升阅读的有效性。

方案环境

熟悉、空旷、安全的场地，温馨、舒适的阅读环境。

照护者洗净手，保持衣着干净整洁，手指、手腕、脖子、耳朵均不佩戴任何装饰物品。

注意事项：在宝宝充分休息后进行阅读交流；讲故事时声音要轻、缓，吐字要清晰，及时与宝宝进行互动；阅读时要给宝宝足够的思考时间，关注宝宝的状态；阅读时注意节奏不可随意更改。

方案互动

1. 室内播放轻柔的音乐，和宝宝进行互动，精神放松。
2. 拿出绘本，用点读的方式给宝宝介绍封面和主人公棕色的熊。
3. 开始阅读，根据故事的情节，带有节奏地阅读，引导宝宝理解“……，你在看什么？”的语义。
   ① 通读一遍，用温柔且带有疑问的语气阅读。观察宝宝倾听的反应，促进宝宝了解故事内容。
   ② 通过留白补充的方式，逐步引导宝宝表达完整的“……，你在看什么？”的句式。

例：棕色的熊，棕色的熊，“……，你在看什么？”。根据宝宝自身的情况，选择留白的多少。

③ 通过模仿的方式，鼓励宝宝完整表达。

例：棕色的熊，棕色的熊，你在看什么？我看见一只红色的鸟在看我。宝宝接后面的表达：“红色的鸟，红色的鸟，你在看什么？”回答：“我看见黄色的鸭子在看我。”依次类推。

4. 在问答游戏中结束阅读。

活动延伸

此活动适宜照护者与 30 个月 + 的宝宝进行互动，在日常生活中可以采用一问一答的形式，鼓励宝宝表达句式。也可根据宝宝的认知情况，对各种颜色进行认知，对生活中的物品进行认知。

第五章

情感课程

第一节 | 礼仪习惯

具体照护服务方案

方案1 “轰隆隆”（12个月+）

方案目标

婴幼儿发展目标：

1. 知道打雷是正常自然现象，不惧怕打雷。
2. 喜欢模仿“轰隆隆”打雷的声音。

照护服务者目标：

1. 能引导宝宝认识雷电，跟学雷声。
2. 引导宝宝对自然现象产生兴趣，在打雷的时候拥抱并安抚宝宝。

方案环境

打雷时的日常安全环境。

方案互动

1. 打雷时，引导宝宝一起到小床上，或者有毛绒玩具的安全区域。如果宝宝害怕，可以抱着小被子或毛绒玩具，或者将宝宝抱在怀里说：“宝宝不怕，有我呢！这是打雷声，一点都不可怕！”帮助宝宝缓解压力，降低对雷声的恐惧。
2. 当看到闪电，对宝宝说：“一道闪电！闪电过后就是雷声了，宝宝听听雷声什么样？”
3. 宝宝通过认真听，对雷声有了了解，并能学一学时，说明宝宝已经初步战胜了恐惧，并开始感兴趣。
4. 引导宝宝留意雷声：“每一个雷声都一样大吗？”“开始大，越来越小，好像跑远了。”引导宝宝学一学雷声。
5. 引导宝宝打雷时注意安全。

活动延伸

和宝宝玩打雷的游戏，或者阅读有关打雷的绘本，如《打雷了》《怪物打雷了》《打雷了，我不怕》等，培养宝宝对自然现象产生兴趣，让宝宝知道风、雨、雷、电是自然现象。

方案2 小鱼游（13个月+）

方案目标

婴幼儿发展目标：

在喂食和观察小鱼游的过程中培养宝宝亲近爱护小鱼的情感。

照护服务者目标：

了解宝宝的兴趣，善于捕捉小鱼游时宝宝的关注点。

方案环境

选择空气清新，阳光明媚，光照适宜的时段，在水池边寻找一个安全又有利于观察的地方。

方案互动

1. 与宝宝一起准备鱼食。“鱼儿喜欢吃什么呢？”请宝宝猜猜，然后带好鱼食（可以是面包、饼干等）。
2. 带宝宝到池塘边，观看小鱼的头、身体和尾巴，并与小鱼打招呼。照护者：看小鱼儿都穿什么颜色的衣服呢？引导宝宝观察小鱼的颜色。
3. 给小鱼喂食，在关注宝宝安全的基础上，鼓励宝宝独立喂食，引导宝宝留意鱼儿喜欢吃哪些食物，留意宝宝的表情、动作、语言，适时用语言和动作回应宝宝的发现。宝宝可说“请吃”“吃面包”等。
4. 模仿鱼的动作，引导宝宝看一看、学一学小鱼儿呈现的各种动作，游水、吃食、吐泡。鼓励宝宝学一学小鱼游。

观看周围人与小鱼互动。回应宝宝发现的同时，及时表达自己对小鱼的喜爱，了解小鱼让公园充满了生机，给大家带来了快乐，我们要爱护小鱼。

活动延伸

1. 在保证宝宝安全的前提下，经常带宝宝到大自然中、动物园里观察各种小动物，并参与部分动物的喂养，培养宝宝亲近爱护小动物的美好情感。
2. 在家可放置鱼缸饲养小鱼，添置一些养鱼工具：捕捞鱼网、塑料管或橡皮管、换水用具等，仔细观察小鱼，一起照顾小鱼。

方案3 树叶飘飘（15个月+）

方案目标

婴幼儿发展目标：

1. 感受大自然的变化和秋天的气息，激发宝宝关注自然、热爱自然的美好情感。
2. 锻炼宝宝触觉和手眼协调能力。

照护服务者目标：

善于捕捉玩树叶时宝宝的兴趣点，引导宝宝多感官感知树叶的意识和能力。

方案环境

树叶粘贴画、树叶装饰画、树叶相框、树叶书签等装饰宝宝的活动室，选择空气清新，秋风起，落叶飘的时段，在公园寻找一个落叶较集中、干净安全的地方。

方案互动

1. 陪伴宝宝到大树下走走、看看，欣赏树叶从树上飘落、四处飘散的情景，感受大自然的美。留意宝宝的动作、表情、语言，并及时回应，让宝宝随飘落的树叶四处跑动。
2. 引导宝宝蹲起、弯腰捡拾树叶，去发现树叶千姿百态的外形，激发、支持、回应宝宝在捡拾树叶过程中与树叶进行互动，“宝宝捡到一片像星星一样的树叶”“宝宝捡到一片红颜色的树叶”。

3. 播放儿歌，照护者表情愉悦，适时引发宝宝捡捡、数数、看看、摸摸、比比、说说自己喜欢的树叶的形状、颜色、大小。
4. 带动宝宝把树叶堆起来，玩“下雨”的游戏：双手捧起树叶，用力向上抛出，嘴里大声喊“下雨啦，下雨啦”，感受树叶纷纷落下带来的快乐。踩踩、跳跳，体验脚踩在树叶上的感觉，感受落叶带来的快乐。
5. 与宝宝一起把树叶带回，并洗手做一些树叶贴画或做树叶标本。

方案4 踩雨（18个月+）

方案目标

婴幼儿发展目标：

1. 感受下雨的美好，体验踩水的快乐。
2. 发展原地跳跃动作，体验踩水的快乐。

照护服务者目标：

1. 能引导宝宝感受雨天的美好。
2. 做好雨天出门的防护工作，防止受凉和滑倒。

方案环境

下小雨时，选择户外安全清静，有硬化地面，有花草树木的场地；但要注意打雷时不要到外面去，不要到树下避雨。

方案互动

1. 和宝宝穿好雨衣、雨鞋，带好雨伞，一起到户外场地上。“宝宝听，雨滴落在伞上是什么声音？”“落在我的大伞上呢？宝宝进来听一听！”一起学一学雨滴落在伞上的声音。
2. “这儿有棵大树，雨滴落在树叶上是什么声音？”一起学一学雨滴落树上的声音“沙沙，沙沙”。
3. 宝宝关注到地上的积水，并尝试踩一踩时，引导宝宝玩踩水的游戏，鼓励宝宝原地跳一跳，并观察水花溅起的样子。

4. 带宝宝到不同的地面去踩水，如水泥地、土地、沙地、大理石地面等，感受不同程度积水地面的触感，体验踩水的快乐。
5. 下雨天到户外要注意控制好时间。年龄小的宝宝在外面的时间要更短一些，下小雨为宜。宝宝出汗或衣物打湿后要尽快将宝宝带到室内休息。

活动延伸

可以在雨天多次带宝宝到户外，感受下雨天的美好，积累下雨天的经验。

方案5 大自然的声音（10个月+）

方案目标

婴幼儿发展目标：

1. 感受大自然的声音，会用手指向声音的来处。
2. 发展宝宝有意倾听的能力。

照护者目标：

1. 激发宝宝对大自然的喜爱和好奇心。
2. 提高照护者对宝宝的教育意识。

方案环境

宝宝情绪良好，宽阔的公园或社区绿地。

方案互动

1. 听鸟声。照护者充满好奇：“宝宝，听！你听到了什么声音？”

照护者：鸟儿在哪里发出的声音？在树上，宝宝用手指一指。

2. 听流水声。照护者：“宝宝听，哗啦哗啦，这是流水的声音。宝宝指一指流水的声音在哪里？”
3. 听风声。照护者：“宝宝听，沙沙沙，这是风吹树叶的声音。宝宝指一指树叶沙沙的声音在哪里？”

4. 听虫鸣。走在公园里，坐在一棵树下，听听“唧哩哩，唧哩哩”的虫鸣；在水塘边散步，听听蝈蝈发出“括括括”的声音；你知道它们在唱什么吗？他们的歌声好像告诉我们：“我在歌唱，我很快乐！”

活动延伸

类似以上的引导，都会培养宝宝去听，去观察，去思考，大自然是宝宝们学习一切的开心乐园。照护者随时随地都能与宝宝互动，引发宝宝的感知发展。

方案6 雪花飞（18个月+）

方案目标

婴幼儿发展目标：

1. 体验赏雪、玩雪的快乐。
2. 观察下雪场景，简单了解雪花的特性。

照护服务者目标：

1. 引导宝宝亲近雪、多用感官感知雪以及提高宝宝与雪互动的意识。
2. 做好在雪地上玩雪的安全防护工作，防止滑倒和冻伤。

方案环境

选择干净、平坦、开阔、安全、有落雪的场地。

方案互动

1. 与宝宝一起欣赏室外美丽的雪景。

引导宝宝观察地上、车上、树上到处都是白茫茫一片。“宝宝看，雪花还在飞舞，好美！”照护者表情愉悦，语言抑扬顿挫，适时表达自己对雪的热爱之情，感染宝宝情绪。

2. “宝宝，我们去玩雪吧？”播放音乐，陪伴、鼓励宝宝和雪互动：走走、跑跑。和宝宝一起踩脚印（让宝宝身体预热）。“哇，雪地上印满了我们的脚印”。让宝宝听听踩雪的声音，适时回应，并用完整的语言陈述宝宝的发现。“走在雪地上会有咯吱咯吱的声音”。

3. 仰面观看、手接飞舞飘落的雪花，让宝宝观察落在手心的雪花怎么不见了？

4. 团雪球，宝宝们一起把雪团起来，抛向空中，看谁抛得高。

爬爬、铲雪、滚雪球、堆雪人、拍拍植物上的雪等。不要急于打扰宝宝的游戏，等宝宝有需求时，及时回应。

注意事项：

1. 玩雪要注意控制好时间。年龄越小宝宝在外面的时间越短，要特别注意安全。

2. 出门前一定要做好孩子的护理工作，塞上汗巾，给孩子涂抹上滋润度较高的润肤霜，以免冻伤。

3. 雪过天晴，玩雪时，给宝宝戴上防护眼镜。

活动延伸

将雪放在盆里，带到室内给宝宝玩。可添加颜料和玩具，玩堆雪山、炒冰等游戏，让宝宝观察雪融化的现象。

方案7 逗逗飞（6个月+）

方案目标

婴幼儿发展目标：

1. 发展宝宝的视觉跟踪能力和手眼协调能力。

2. 在游戏中增进愉快的情绪体验，感受爱和安全感。

照护服务者目标：

1. 提高照护者引导宝宝开心笑的意识和能力。

2. 帮助宝宝坐稳，学会倾听。

方案环境

安静、温馨、舒适的环境氛围；宝宝清醒并情绪愉悦。

方案互动

1. 将宝宝放到自己怀里，背靠自己，双臂环绕，坐稳。
2. 与宝宝打招呼，面带微笑亲亲宝宝，语言轻柔地说："你好！我是 xx，今天我们做个"逗逗飞"的游戏好吗？"
3. 轻轻地将宝宝两只手的食指相对，念儿歌："逗逗，逗逗飞！"（随儿歌节奏，每念一个字，食指开合一次，速度要慢一点。可不停地变换节奏和速度，如"逗逗，逗逗——飞"飞的时候距离拉大，做飞的动作）。

当宝宝的视线随着食指的开合移动，并发出愉快的笑声时，轻轻给宝宝一个甜甜的吻。在这个过程中锻炼宝宝的视觉跟踪能力。

活动延伸

该游戏可以经常玩，随着月龄的增长，可以适当增加逗逗飞的距离和速度，也可以玩对视的游戏，还可以根据不同月龄宝宝的视觉发展规律，提供不同的材料和游戏与宝宝互动。

方案8 抚摸妈妈的脸（4个月+）

方案目标

婴幼儿发展目标：

1. 感受照护者的爱抚，熟悉照护者的表情。
2. 锻炼宝宝的触觉感知能力和倾听能力。

照护服务者目标：

1. 了解宝宝的视觉距离，表情丰富，能做出各种愉悦表情，和宝宝亲密互动。
2. 让宝宝用手触摸妈妈的五官，让宝宝获得不同的感知体验。

方案环境

温馨、安静的环境，宝宝处于情绪愉悦的状态。

方案互动

1. 俯身面对躺在游戏垫上的宝宝，和宝宝相视微笑，边说“宝宝好可爱，亲亲宝宝”等亲昵的话语，边温和亲亲宝宝的小脸。
2. 回应宝宝的微笑和咿呀之声，做出各种面部表情，用丰富的表情和宝宝说话，以延续这种交流，并适时亲亲宝宝。
3. 拉着宝宝的手抚摸照护者的耳朵、脸、鼻子，也摸摸宝宝自己的耳朵、脸、鼻子等，边摸边告诉宝宝“这是我的脸，这是宝宝的脸。”
4. 做出各种愉悦的表情，引发宝宝开心的笑，并让宝宝对照护者的面部表情感兴趣。

活动延伸

照护者平时可以通过一些互动，比如多拥抱、安抚宝宝，用丰富的表情和宝宝说话；喂奶时充满爱意地看着宝宝，让宝宝体验这种愉悦又安全的感觉，帮助宝宝建立安全性依恋。

方案9 抱抱（6个月+）

方案目标

婴幼儿发展目标：

1. 激发宝宝情感表达能力，理解“抱抱”的含义。
2. 当照护者发出“抱抱”的信号时，宝宝能积极地伸手举起，期望抱一抱。

照护服务者目标：

1. 能积极与宝宝互动。
2. 能关注宝宝的情感表达需求，满足宝宝被拥抱的心理要求。

方案环境

宝宝情绪愉悦时。

方案互动

1. 宝宝躺在游戏垫上，照护者精神饱满、充满期待、微笑着对宝宝说："嗨！xx，我来了。"
2. 照护者拍拍手、张开双臂："来，xx，抱抱！"刚开始宝宝可能没有伸手举起，要耐心多重复几遍，做出让抱抱的动作，面带微笑，表情夸张"噢，抱抱呀？要抱抱呀？"
3. 让宝宝理解"抱"和"不抱"的含义，体验期待的感觉。当宝宝伸开手做要抱姿势时"噢，抱抱呀！"突然把手藏起来，做不抱的表情，摇头，"嗯，不抱！"让宝宝体验期待的感觉。然后，夸张地伸出双手，做高兴的表情"噢，抱抱，抱抱喽！"

注意：照护者轻轻把双手放到宝宝双肩部位，一只手再轻轻移到宝宝头部和颈部，保护好宝宝颈椎，轻轻将宝宝抱起，让宝宝头部靠在照护者肩部，注意不要捂住宝宝的口鼻，引起宝宝的不适。

活动延伸

这种互动游戏，能够带给宝宝爱与安全感，促进宝宝与照护者之间的情感交流，带给宝宝情感的表达启蒙，是最好的表达自己情感的游戏；要注意的是在互动的过程中不要让宝宝等待过久，会引起宝宝的不良情感。可以反复与宝宝做这种互动游戏，也可让宝宝与生人做这种互动，锻炼宝宝接受生人的能力。

方案10 挠痒痒（4个月+）

方案目标

婴幼儿发展目标：

1. 喜欢和照护者互动，发展触觉感知能力。
2. 在游戏中增进愉快的情绪体验。

照护者目标：

1. 能以饱满的情绪与宝宝一起互动，增进亲子关系。
2. 注意在疯闹过程中不要让宝宝受伤或笑岔气。

方案环境

宝宝清醒并情绪愉快时。

方案互动

1. 播放宝宝喜欢的音乐，面带微笑，轻轻亲亲宝宝："嗨！宝宝好！"
2. 轻轻将宝宝横抱起，并左右轻轻摇晃。
3. 轻轻挠挠宝宝的小脸，一边挠一边说："一、二、三，挠呀挠，挠痒痒喽！"
4. 当宝宝微笑时用脸颊轻轻亲亲宝宝的小脸蛋："亲亲宝宝！"
5. 可以挠一挠宝宝的小手、小脚等，"挠呀挠，挠挠小手！""挠呀挠，挠挠小脚"，与宝宝开心互动。

活动延伸

在日常生活中多创造与宝宝亲密接触的机会，增进亲子关系，发展宝宝的触觉。

方案11 情绪小怪兽（24个月+）

方案目标

婴幼儿发展目标：

1. 教宝宝认识几种情绪和表情，如笑、哭、生气等。
2. 与照护者玩情绪转换的游戏，学习控制情绪。

照护服务者目标：

1. 能恰当表现各种情绪。
2. 能适当引导宝宝感受和体验各种情绪。

方案环境

活动室生活表演区，照护者要练习好各种情绪表现；安全的落地镜。

方案互动

1. 笑着陪伴宝宝围坐一圈，和蔼环视一圈宝宝的小脸，问："我的脸上是什么表情？""对，是微笑。""那还有谁的小脸上表情是微笑？""让我们一起微笑吧。"
2. 手拿笑的表情卡片，问宝宝："卡片上的宝宝是什么表情？"请一位宝宝模仿一下，和宝宝一起笑，然后问："我们的表情一样吗？"宝宝们一起体验笑。
3. 给每人一面小镜子，让宝宝们看看镜子中的自己，一起体验笑。
4. 依次出示卡片，认识哭、生气等，和宝宝们一起体验哭、生气等。
   播放小朋友伤心难过的哭泣视频，问："这个宝宝怎么了？""她为什么哭了？""我们怎样安慰她？""你有没有哭过？"
5. 引导宝宝到镜子跟前，和镜像互动各种表情。

活动延伸

在活动区和家里继续玩镜像表情游戏。

方案12 换着玩（18个月+）

方案目标

婴幼儿发展目标：

1. 通过有意识地与同龄人接触、交换玩具，发展交往能力。
2. 会用自己的方式表示谢谢。

照护服务者目标：

1. 能有意识地为宝宝创造与同龄宝宝交往的机会。
2. 能给宝宝示范交往技巧。

方案环境

宝宝熟悉的公园或广场。

方案互动

1. 带宝宝到熟悉的公园或广场，鼓励宝宝和同来游玩的、年龄相仿的宝宝打招呼。

先示范，引导宝宝和别人打招呼；如果宝宝不同意，不要强求，尊重宝宝的意愿；拉着宝宝的手与同龄宝宝边打招呼边鼓励宝宝说：“嗨！xx 你好！”不断强化：好朋友，一起玩。

2. 鼓励宝宝与小伙伴一起玩，不干涉他们。
3. 鼓励宝宝交换玩具，并让他们点点头或用自己的方式表示感谢，同时说出：谢谢你。

① 鼓励宝宝把自己的意愿表达出来：“你想玩，应该怎么办呢？”留一点时间让宝宝思考一下。

② “我们和他交换好不好？”这时宝宝可能不会和同龄宝宝交换，同龄宝宝可能也不想交换。照护者先征求同龄宝宝的同意，“你也想玩那个吗？”

③ 教宝宝学说：“我们可以交换玩吗？”待双方都同意后，让宝宝懂得这是交换。并引导宝宝互相用自己的方式道谢。

活动延伸

照护者在日常生活中多创造宝宝与同龄宝宝接触的机会，并给宝宝做好运用礼貌用语的榜样示范。

方案13 大声回答“哎！”（18个月+）

方案目标

婴幼儿发展目标：

密切宝宝与照护者之间的关系，照护者呼唤能及时回答“哎！”。

照护者目标：

1. 提高照护者与幼儿进行游戏互动的能力。
2. 练习倾听和回应，帮宝宝形成条件反射。

方案环境

日常生活中，照护者对于他人的召唤做到及时应答，起到榜样作用。创设温馨、安静的环境，宝宝处于情绪愉悦的状态。

方案互动

1. 眼睛看着宝宝温柔地问：“宝宝，小朋友叫你名字时，该怎么答应呢？”我们一起听个故事吧。
2. 把宝宝放在腿上有表情地讲故事《大声回答“哎”》，和宝宝一页一页地翻看绘本。
3. 呼唤宝宝名字：“xx”，等待宝宝的反应，告诉宝宝当被呼唤时，大声用“哎”回应。
4. 用愉悦的神态变换声音、音量或变换与宝宝的位置、距离，反复呼唤宝宝的名字，及时用表情、语言、动作等肯定宝宝的回应。
5. 宝宝呼唤“妈妈”“爸爸”等，照护者也回答“哎！”让宝宝感觉到被尊重，并能获得参与感。

活动延伸

1. 亲子阅读或倾听绘本故事《大声回答“哎”》。
2. 日常生活中家人之间做到他人召唤时大声应答“哎”的氛围，提醒宝宝听到照护者呼唤及时回答“哎！”。

方案14 照镜子（18个月+）

方案目标

婴幼儿发展目标：

1. 对镜子中自己的映像感兴趣，会对镜子中的自己微笑和说话。

2. 会伸手试拍自己的镜像，能观察模仿简单的动作。

照护服务者目标：

1. 鼓励宝宝对自我映像的探索活动。
2. 能用表情、声音、动作、引导宝宝和镜中宝宝互动。

方案环境

托幼中心、社区、家中宝宝房等宝宝熟悉、有安全感的环境。（在换尿布台或婴儿床上方放置镜子，或把安全的镜子挂在墙上较低的位置，鼓励宝宝随时玩镜子游戏。）

方案互动

1. 微笑着陪伴宝宝坐或扶站在镜子前，鼓励宝宝和镜子里的像微笑。“镜子里是谁？是宝宝吗？笑一笑，笑一笑”。
2. 引导宝宝和镜子里的像互动。
   ① 照护者：“和镜子里的娃娃拍拍手吧”“和他打个招呼，嗨！嗨！”。
   ② 照护者：“摸摸镜子里的宝宝，摸摸脸，摸摸眼睛、摸摸鼻子、摸摸耳朵”。伸手试拍、触摸镜子中的自己和照护者等互动行为。
   ③ 照护者：“宝宝在哪里？”照护者举起宝宝的一只手，然后挥挥手说：“宝宝在这里！”引导宝宝：“宝宝你好”等，并引导观察镜中宝宝的表情和动作。
3. 做出各种夸张的面部表情或模仿动作，引导宝宝观察并尝试简单的模仿。

活动延伸

1. 在宝宝清醒时，妈妈可抱着宝宝照镜子，在镜子前让他安静地看一会，可以让宝宝注意到自己脸上的器官，并告诉他这是小嘴，这是眼睛，这是鼻子等，使宝宝较快地认识它们。

随着宝宝的发育成长，宝宝在照镜子时会有很多表情，他会对着镜子笑，做鬼脸，同镜子里的宝宝说话，拍触镜子里的宝宝。

2. 多让宝宝照镜子，渐渐认识自己的模样，逐渐萌发自我意识，这个过程也就是他们实现自我认识的过程。

方案15 我是大哥哥（大姐姐）（24个月+）

方案目标

婴幼儿发展目标：

1. 学习收纳、整理等一些生活技能。
2. 树立自信，对自己能完成一些技能感到骄傲。

照护者目标：

1. 选择宝宝可以完成的自理小任务，创设好环境。
2. 提高照护者树立宝宝自信的能力和意识。

方案环境

在房间内创设适合宝宝做的小任务；宝宝充满活力，情绪愉快。

方案互动

1. 找一个生活环节，如在幼儿早起做游戏前，先不收拾房间。
2. 和宝宝一起站在房门外，照护者说："我们来做'我是大哥哥(大姐姐)'游戏吧！"
   ① "当大哥哥（大姐姐）要有本领，有本领的大哥哥一定能把这个房间收拾整齐。宝宝有没有信心？"和宝宝来一个很酷的击掌动作"耶！"再开始行动。
   ② 照护者："咱们要开始叠被子喽！仔细看好了！"宝宝模仿照护者动作叠被子。如果宝宝很认真在模仿照护者的动作，照护者略带夸张的"哇！大哥哥的小手真能干，有叠被子的本领了"。
   ③ "把玩具装入箱"，宝宝也跟着装。如果宝宝很认真在模仿动作，照护者略带夸张的"哇！大哥哥的小手真能干，有收拾玩具的本领了"。
3. 在游戏中，宝宝会发现自己也能把事情做好，对自己能完成叠被子等动作技能感到骄傲，从而产生自信。

活动延伸

在日常生活中照护者可以创造这样的机会来增强宝宝的自信心。

方案16 我在这儿（24个月+）

方案目标

婴幼儿发展目标：

1. 体验集体生活并愿意在别人面前展示自己。
2. 学习说句子:“我在这里”，练习不同的问好方法。

照护者目标：

1. 能以饱满的情绪与宝宝一起互动。
2. 遵从宝宝意愿，注意引导宝宝。

方案环境

照护者带宝宝席地而坐。

方案互动

1. 向宝宝介绍点名游戏。

照护者问：“xx，你在哪里？”宝宝听到自己的名字，就大声地告诉大家“嗨！我在这里，大家好！”然后走到照护者的身边来。在这个环节照护者多鼓励宝宝用不同的方式与大家问好，比如，点头、微笑、招手等。

2. 请宝宝举手示意自己的位置，并鼓励宝宝勇敢地走到照护者身边来，接受大家的欢迎。
3. 进行点名游戏《我在这里》，每位宝宝都被介绍到。

看见宝宝不愿意举手介绍自己时，不用太着急，可以轻声细语地鼓励宝宝，如果宝宝出现哭闹的情绪，可以带着宝宝到活动中心外调整情绪（一味催促宝宝反倒会刺激宝宝），可以用肢体语言表示对宝宝的鼓励。随着活动的开展，宝宝熟悉环境后，表达能力会充分展示出来，并得以提高。

活动延伸

照护者在日常生活中多带宝宝参加集体活动。

第二节 快乐厨房

具体照护服务方案

方案1 呆萌小饭团（14个月+）

方案目标

婴幼儿发展目标：

1. 发展宝宝手眼协调能力。
2. 发展认知能力。

照护服务者目标：

1. 照护者关注宝宝精细动作与认知能力的发展。
2. 提高照护者的烹饪技巧。

方案环境

准备宝宝固定的进餐椅。

播放安静舒缓的音乐。

注意事项：在宝宝进餐前先将手洗干净，吃饭团时不要嬉戏；照护者与宝宝交流时要面带微笑、轻声慢语；米饭做得软一些便于后期造型，对纯手工造型没有信心的妈妈也可购买专门给饭团造型的模具。

方案互动

1. 与宝宝一起指认食材。

将准备好的完整的食材摆到宝宝跟前：“宝宝，西蓝花在哪？”宝宝找到并指出后，要及时表扬：“宝宝的小手真能干！”引导宝宝依次指认食材，在这个过程中发展宝宝的认知能力。

2. 宝宝尝试区分大小。

将鸡蛋与鹌鹑蛋放到宝宝面前，拿起鸡蛋：“大大的，大大的鸡蛋。”拿起鹌鹑蛋：“小小的，小小的鹌鹑蛋。”

3. 将西蓝花摘成小朵，洗净后用沸水烫熟；圣女果洗净；胡萝卜洗净、去皮备用。

4. 一起制作呆萌小饭团。

引导宝宝将煮熟的鸡蛋剥皮，在这个过程中锻炼宝宝的手眼协调能力。及时表扬宝宝。将鸡蛋洗净取蛋黄，取 2/3 的米饭，拌入蛋黄，放入锅中，小火炒匀。

取一张保鲜膜，取适量拌了鸡蛋的米饭放在上边，捏紧拧成长条，作小黄人的身体：“小黄人的身体做好了！”过程中与宝宝时刻有眼神及表情交流。

鹌鹑蛋去壳，用胡萝卜、紫菜当装饰做成小鸡模样。

边装饰边说：“宝宝看，小鸡的眼睛、小鸡的嘴巴。”

5. 品尝呆萌小饭团。

照护者：“可爱的小鸡做好了，一起品尝一下吧！”鼓励宝宝自己进食。

活动延伸

这道辅食也可以将各色蔬菜、肉类与米饭拌匀，捏成一个个饭团球。

方案2 水果沙拉（18 个月 +）

方案目标

婴幼儿发展目标：

1. 练习点数 1 ~ 5。
2. 锻炼宝宝的手眼协调能力。

照护服务者目标：

1. 提高照护者培养宝宝点数能力的意识。
2. 照护者能用语言和动作引导宝宝点数。

方案环境

身在大自然的怀抱中。

播放宝宝喜欢的音乐。

注意事项：宝宝先将手洗干净；注意宝宝参与切水果时，要先把水果切成宝宝很容易就能切开的小长条，这样既安全又能增强宝宝切水果的信心；猕猴桃是易过敏水果，过敏者可用其他宝宝爱吃的水果代替。

方案互动

1. 引导宝宝手口一致点数。和宝宝微笑问候互动，给宝宝 5 颗洗净的草莓，照护者："宝宝，请把草莓从小碗里拿到小盘里，我们数数有几个草莓！"宝宝很喜欢，专心取放，放完看看照护者满意的微笑，及时回应与鼓励，以此反复练习点数 1～5。
2. 与宝宝一起切水果。用夸张的动作做切水果状。右手拿刀（西餐刀），左手轻轻按住水果，用力来回拉："切切切，用力切。"宝宝模仿照护者切水果，并及时表扬："宝宝的小手真能干！"在这个过程中锻炼宝宝的手眼协调能力。
3. 制作水果沙拉。与宝宝一起将处理好的水果装碗，然后请宝宝将酸奶淋到处理好的草莓、香蕉、猕猴桃上，鼓励宝宝用勺搅拌均匀。
4. 一起享用美味的水果沙拉。照护者："呀！美味的水果沙拉做好啦！尝一尝是什么味道？"鼓励宝宝自己用勺吃东西。

活动延伸

照护者可以用其他的食材搭配做成水果沙拉，不但能增强宝宝的食欲，促使味觉、嗅觉更灵敏，水果含有丰富营养还能提高宝宝免疫力。平时照护者可利用身边物品与宝宝在地垫上玩"取""放"游戏，练习点数 1～5。

方案3 白菜卷（22个月+）

方案目标

婴幼儿发展目标：

1. 宝宝能一口一口进餐，逐渐养成细嚼慢咽的进餐习惯。
2. 练习卷的精细动作。

照护服务者目标：

1. 照护者用适当的语言、动作引导宝宝一口一口地进食。
2. 提高照护者的烹饪技能，照护者慢慢、一口一口、优雅地吃饭，给宝宝做出榜样。

方案环境

准备宝宝固定的进餐椅。

播放宝宝喜欢的唯美纯音乐，比如《像鸟儿一样自由》。

注意事项：先与宝宝一起将手洗干净；所有食材要切得足够细碎，才能不用淀粉也能黏合成团，在蒸白菜卷的时候不易露馅。

方案互动

1. 和宝宝微笑问候互动，宝宝穿戴好进餐“装备”——小围裙，把小手洗干净，安安静静坐下来。照护者：“宝宝，看，好吃的食物藏在白菜里了，快看看菜叶里都藏了什么？”“肉肉、木耳，胡萝卜、香菇！”
2. 按照食谱步骤制作白菜卷。

步骤一，准备好食材。

步骤二，将猪里脊肉洗净后剁成肉末，胡萝卜洗净去皮，剁成碎末，香菇、黑木耳用清水泡发后洗净，切碎，虾皮用清水稍加冲洗，上述食材混合均匀搅拌。

步骤三，将白菜叶洗净后，在沸水中烫软。示范做卷的动作：“第一步取菜叶，第二步将馅料放在菜叶中间，第三步由左右向中间折起，第四步由下往上卷，用牙签固定。”边做边引导宝宝一起做，宝宝模仿照护者做白菜卷。做完后照护者放入盘中上锅蒸约 15 分钟。

步骤四，倒出白菜卷，蒸出的汤汁用淀粉调匀后浇在白菜卷上。

3. 将色泽诱人的白菜卷放入自己口中，一口一口优雅地嚼，做出榜样示范，宝宝也一口一口自己吃，一边吃一边说“咬一口，嚼一嚼，咽下去”，可用数数的方式数着嚼，逐渐养成细嚼慢咽的进餐习惯。

活动延伸

1. 虾皮可以当调味料使用，同时又帮宝宝摄入了一定量的钙，给宝宝的副食不能一味添加肉食，而忽视蔬菜，白菜清热润燥，十分适合天气干燥的冬季使用。
2. 卷的动作既训练宝宝手腕的灵活性，也训练两只手的配合能力，更主要的是培养了孩子的自理能力，日常生活中可让宝宝练习。

方案4 甜甜的西瓜汁（18个月+）

方案目标

婴幼儿发展目标：

1. 宝宝能专注地玩填满和倾倒的空间游戏，发展手眼协调能力。
2. 体验分享的乐趣，在提示下，会说礼貌用语“请”。

照护服务者目标：

1. 照护者能关注宝宝喜欢玩空间游戏的特点，有意识地给宝宝提供机会。
2. 提高照护者积极回应宝宝的意识。

方案环境

舒适清凉的院子里。

播放音乐，如《嬉游曲》。

方案互动

1. 温和地对宝宝说：“看，这是什么水果？”“它的皮摸起来是什么感觉？”“摸上去滑滑的、凉凉的、硬硬的。”照护者与宝宝一起摸一摸、敲一敲、推一推西瓜。

“宝宝，我们来做西瓜汁喽！”和宝宝一起将西瓜切成块，放入料理机打成西瓜汁。

2. 引导宝宝分享。准备好两个粗细适合宝宝拿的杯子，“宝宝，我们把做好的西瓜汁分一分吧。”

与宝宝一起把西瓜汁倒进杯子：“好，这一杯请奶奶喝，我们一起送给奶奶吧！奶奶在哪？”引导宝宝找到奶奶并对奶奶说“奶奶请喝！”奶奶积极回应：“谢谢宝宝。”引导宝宝分别送给爷爷、爸爸等家人。如此反复，让宝宝在过程中感受“倒满”“倾倒”并学说“xx 请喝”礼貌用语，知道长幼有序。

活动延伸

18 个月以上的宝宝有自理的愿望，照护者可以陪他们继续用水玩“倒满”“倾倒”的空间游戏，并在日常生活中给宝宝做好礼貌待人的榜样示范。

方案5 彩色面（18 个月 + ）

方案目标

婴幼儿发展目标：

1. 宝宝对照护者表现出明显的喜爱，对食物的色彩表现出感兴趣。
2. 尝试帮忙做事，学着把餐具收拾好。

照护服务者目标：

1. 照护者了解菠菜能预防宝宝便秘。
2. 提高照护者引导宝宝参与家务活动的意识。
3. 照护者可让宝宝尝试使用筷子，根据宝宝能力水平使用合适的餐具。

方案环境

暑期清凉的小院里，照护者跟宝宝轻言细语地说：“‘冬至饺子夏至面’，今天我们要吃面喽！宝宝在安静的气氛下吃面香又多。”

播放宝宝喜欢的音乐，比如《小跳蛙》。

注意事项：在宝宝进餐前先将手洗干净；照护者与宝宝交流时要面带微笑、轻声慢语；和面的时候在各种汁里都加少许盐，增加面条的韧性。面的量可根据自家宝宝食量而定。

方案互动

1. 和宝宝微笑问候互动，“宝宝，你知道大暑为什么要吃面吗？”大暑这天吃面可以补充因为流汗而流失的盐分和能量，所以我们今天一起动手做一碗彩色面。
2. 让宝宝帮忙清洗菠菜和胡萝卜，认知菠菜和胡萝卜，“宝宝，菠菜是什么颜色的？胡萝卜是什么颜色的？”
3. 照护者按照食谱步骤制作彩色面。

步骤一，准备好食材。

步骤二，清洗菠菜和胡萝卜，切块。

步骤三，将切好的菠菜和胡萝卜单独放入搅拌机加少许水搅成汁，过滤一下。

步骤四，取 300 克面粉加入菠菜汁、微量盐，和成面团。

步骤五，再取 300 克面粉加入胡萝卜汁、食盐，和成面团，面团稍硬。

步骤六，揉面团，揉好了以后要用擀面杖擀开，平铺，然后将擀好的面皮对折再对折后切成条状。

步骤七，彩色面做好了。

4. “宝宝，你的餐具在哪里？自己取来摆上吧！”

活动延伸

1. 18 个月多的宝宝可以尝试像大人一样吃饭了，面里可以加一些高蛋白食物，也可点缀一些菌类，对提升宝宝免疫力和促进智力发育有利。
2. 日常生活中，可让宝宝帮忙做事，如学着把玩具收拾好等，让宝宝为掌握一些技能感到骄傲。

方案6 小馄饨（15个月+）

方案目标

婴幼儿发展目标：

1. 宝宝尝试自己用勺子进食。
2. 学习句子“宝宝吃”。

照护服务者目标：

1. 提高照护者引导宝宝自己用勺进餐的意识。
2. 提高照护者的烹饪技能，注意不要烫到宝宝。

方案环境

托幼中心、家庭、社区中，准备宝宝固定的进餐椅。

播放让宝宝心情愉悦的音乐。

注意事项：在宝宝进餐前先将手洗干净；照护者与宝宝交流时要面带微笑、轻声慢语；馄饨皮一定要捏紧，不然煮的时候会散开，注意请不要捏有肉的部位，而是上部，起封口作用。同时，小馄饨不要太大。馄饨可随宝宝长大逐步变大。

方案互动

1. 和婴儿微笑问候互动，“宝宝，看，这是小馄饨”“馄饨，馄饨”“很可爱呀！和宝宝一起做饭啦！”。
2. 按照食谱步骤制作小馄饨。

步骤一，准备好食材。

步骤二，猪里脊肉洗净，打成肉泥。

步骤三，取一张馄饨皮，中间放上适量的肉泥，将皮捏紧。可让宝宝用勺往皮上舀馅，练习用勺。

步骤四，烧开一锅水，挨个放入小馄饨，煮至上浮即可捞出，捞入碗中，舀入馄饨汤没过馄饨。

步骤五，取一截香葱洗净、切末，放入馄饨汤碗中做点缀。

3. 照护者：引导宝宝学习句子“宝宝吃”。语言要亲切，语调可夸张一些，柔和一些，但声音不要太响，让宝宝看着照护者的脸，注意到嘴型，反复说这个句子“宝宝吃”。
4. 让宝宝自己握着勺子，宝宝手指不够灵活，照护者要给予鼓励。舀取食物送入口中，这一过程锻炼宝宝手眼协调能力。

活动延伸

喂小动物。纸板画上宝宝喜欢的小动物，剪出嘴巴，用废旧报纸团做出小纸团当食物，让宝宝练习用勺喂小动物，进一步锻炼手眼协调能力。

方案7 酸奶溶豆（9个月+）

方案目标

婴幼儿发展目标：

1. 锻炼宝宝拇指和食指对捏。
2. 提高宝宝手眼协调的能力。

照护服务者目标：

1. 提高照护者用语言和动作引导宝宝自己进食的能力。
2. 提高照护者的烹饪技能。

方案环境

准备宝宝固定的进餐椅。

播放宝宝喜欢听的音乐或故事。

方案互动

1. 按照食谱步骤制作酸奶溶豆。

步骤一，准备好食材，提前裁出两张油纸铺到烤盘和烤架上。

步骤二，将奶粉和玉米淀粉过筛，放入酸奶搅拌均匀。

步骤三，将蛋清从冰箱取出，滴入几滴柠檬，放入白砂糖打发。

步骤四，打发到打蛋器的头部拉起一个小尖尖，整个蛋清可以倒扣，无滑动、无滴落就可以了。

步骤五，取 1/3 蛋白翻拌入酸奶糊中，简单翻几下就好。

步骤六，再将翻拌好的酸奶糊倒入剩下的 2/3 蛋白中，翻拌均匀。不要只朝一个方向，可以画米字翻拌，也不要翻拌时间过长，容易消泡。

步骤七，从冰箱里取出杯子，将翻拌好的酸奶糊倒入裱花袋中，预热烤箱 100℃。

步骤八，将裱花袋挤紧，戴棉手套挤溶豆。挤的时候首先提起裱花袋，在收尾的时候裱花嘴稍微按一下，让溶豆造型更饱满。将挤好的溶豆放入烤箱中，上下火，100℃烤熟。溶豆脱离油纸，不粘就好了。如果粘，就再烤 10 分钟。将烤好的溶豆放入密封罐中，建议放一包干燥剂。

2. 和宝宝微笑问候互动，将一盘做好的酸奶溶豆放在宝宝面前："宝宝，看，酸奶溶豆，小小的。"照护者拇指食指对捏，拿起一颗溶豆放进嘴里，表情美美的："真好吃！"
3. 宝宝模仿照护者拇指食指对捏，拿起一颗溶豆放进嘴里，捏溶豆，送进嘴巴里，一颗，两颗，嗯，好开心啊！

活动延伸

1. 溶豆的保存时间比较短，建议 3 天左右吃完。
2. 用拇指、食指捏取物品是人类区别于其他动物的特征之一，9～10 个月大的宝宝喜欢用拇指、食指对捏小物品，还喜欢将小物品放进嘴里或耳朵里。因此，父母应陪伴在宝宝身旁做指捏训练，避免误吞小物品或将小物品塞入鼻子、耳朵中而发生危险。另外，宝宝的玩具不应过小，直径应大于 2 厘米。做完游戏后，要将小物品收拾好。

方案8 猪肝山药粥（16个月+）

方案目标

婴幼儿发展目标：

1. 逐渐养成安静进餐的好习惯。
2. 能双手端碗，试着自己用小勺进食。

照护服务者目标：

1. 照护者知道宝宝这个时期味觉更灵敏。
2. 照护者了解猪肝中富含丰富的铁元素，搭配富含膳食纤维的山药，提高照护者营养搭配能力。

方案环境

宝宝进餐区，播放进餐音乐，和大人一起安静进餐。

方案互动

1. 与宝宝互动，认识食材。

照护者："宝宝，这是什么？"如果宝宝一下子说不出是什么，可以提示宝宝说出山药、猪肝、大米。可以让宝宝双手抓大米。

2. 将大米放入锅中煮烂（在煮大米之前先将大米浸泡2小时，再洗净）。
3. 将切好的山药丁、猪肝丁煮10分钟至软烂。
4. 待粥凉好后盛入宝宝碗中，照护者："宝宝，开饭了！猪肝山药粥。"把盛好的粥端给宝宝，让宝宝自己能双手端碗，试着自己用小勺进食。
5. 宝宝安静进餐，在这个过程中不要打扰宝宝，其他家人也安静进餐，给宝宝做好榜样示范。

活动延伸

16个月龄的宝宝可以适当加一些高蛋白食物，对提升宝宝免疫力和促进智力发育有利。

方案9 栗子酱（12个月+）

方案目标

婴幼儿发展目标：

1. 促进宝宝手眼协调能力发展，提升触觉敏感度。
2. 宝宝感知栗子表面是滑滑的。

照护服务者目标：

1. 照护者知道板栗富含不饱和脂肪酸，有助于宝宝的脑部发育。
2. 提高照护者的烹饪技能。

方案环境

准备宝宝固定的进餐椅。

播放宝宝喜欢的进餐音乐。

方案互动

1. 室内放轻柔的音乐，和宝宝微笑问候互动，将栗子拿给宝宝看，表情夸张地说："宝宝看，这是栗子！栗子，有滑滑的壳、硬硬的壳。"引导宝宝一起抓一抓、敲一敲栗子。
2. 引导宝宝把抓起的栗子从一只手换到另一只手；引导宝宝把抓起的栗子放到碗中，促进宝宝手眼协调能力发展，提升触觉敏感度。
3. 照护者按照食谱步骤制作栗子酱。

步骤一，准备好食材。

步骤二，将栗子清洗干净，放入锅中，加入清水，煮熟。

步骤三，煮熟的栗子放到凉水中，放凉。

步骤四，将栗子用小刀切开。

步骤五，用刀切开后，把栗子肉剥出来。

步骤六，栗子肉加入 50 克水。

步骤七，栗子肉打成泥，放入平底不粘锅中。

步骤八，小火慢熬 15 分钟左右，出现黏稠状，出锅。

4. 一起品尝栗子酱，闻一闻、尝一尝，感受“栗子酱”闻着香香的、吃着甜甜的。

活动延伸

各种坚果中，板栗是非常适合给宝宝吃的，它不仅富含不饱和脂肪酸，有助于补脑，还含有核黄素，常吃对预防宝宝口舌生疮很有效，平时可以多给宝宝食用，早餐在面包上涂着吃，配着粥吃都非常美味。

方案10 花生奶酪（12个月+）

方案目标

婴幼儿发展目标：

1. 逐渐养成不挑食的好习惯。
2. 认识带皮花生，能把花生从大杯子中取出、放入。

照护服务者目标：

1. 照护者知道花生是高钙高蛋白的食物，适当吃一些有助于提升宝宝的免疫力。
2. 照护者有意识地引导宝宝手眼协调取物放物的能力。
3. 照护者要防止宝宝将花生放入口鼻引起窒息。

方案环境

准备宝宝固定的进餐椅。

播放安静舒缓的音乐。

注意事项：在宝宝进餐前把小手擦洗干净；照护者与宝宝交流时要面带微笑、轻声慢语。

方案互动

1. 认识花生。和宝宝微笑问候互动，在宝宝面前放上带皮花生，“宝宝，瞧，这是什么？花生”，宝宝：“花生”，宝宝拿起花生摸一摸，照护者："花生摸起来麻麻的，不光滑。"宝宝自由观察，自由玩耍。

2. 放入取出。照护者："宝宝，把花生放到杯子里吧。"宝宝抓起一个个花生放进杯中，照护者微笑回应宝宝。从杯子里取物放物，促进宝宝手眼的逐渐协调。
3. 将花生浸泡 1 小时，剥皮取仁。去皮花生加适量水打成酱；将打好的酱过筛，滤掉渣子；加入配方奶小火煮半分钟即可。
4. 宝宝安静进食，促进好习惯的养成。

活动延伸

很多宝宝不喜欢吃花生，这个时期宝宝对大人的饭菜好奇，想尝试。照护者可以想办法引导，比如：照护者可以吃一吃宝宝的食物，宝宝看见了，就容易模仿，自然而然就不会挑食了。

方案11 锅碗瓢盆交响曲（12 个月 +）

方案目标

婴幼儿发展目标：

1. 感受物体发出不同的声音，刺激宝宝的听觉，识别声音。
2. 初步认识餐具：碗、勺子。

照护服务者目标：

1. 提高照护者与宝宝亲密互动的意识。
2. 促进照护者与宝宝之间的感情交流，防止噪声对听力的伤害。

方案环境

铺好宝宝游戏地垫，餐具架上摆放好餐具。

播放宝宝喜欢的音乐。

注意事项：宝宝使用筷子、勺子时照护者应多加关注，注意安全；照护者与宝宝交流时要面带微笑、轻声慢语；敲击物体不要太过用力。

方案互动

1. 和宝宝微笑问候互动，“宝宝，我们今天开个厨房音乐会好吗？”将餐具摆放在宝宝周围。“瞧，这是我们做饭的锅，这是什么？勺子。”照护者用勺子敲击锅，敲一下，停下来看看宝宝，宝宝惊奇地望着勺子和锅，然后看看照护者。
2. 引起宝宝的兴趣后，照护者利用其他物品开始示范演奏锅碗瓢盆交响曲。

步骤一，准备好物品。

步骤二，拿出准备好的物品，摆在宝宝面前，分别敲击出声音，吸引宝宝的注意力。

步骤三，给宝宝筷子或勺子，照护者手轻轻握宝宝的手一起分别反复敲击物体。每次只敲击一种，然后再换另一种。

步骤四，配合宝宝平时喜欢听的音乐，照护者引导宝宝尝试有节奏地敲击物体。

活动延伸

平时的生活中可以多练习，利用物体发出不同的声音刺激宝宝的听觉，识别声音，感受音乐的美妙。除了厨房用品，我们还可以利用生活中其他可以发出声音并安全的物品练习。

方案12 彩虹杂蔬饭（10个月+）

方案目标

婴幼儿发展目标：

1. 宝宝对照护者表现出明显的喜爱，对食物的色彩表现出感兴趣。
2. 宝宝会重复照护者说过的话。

照护服务者目标：

1. 提高照护者与宝宝亲密互动的意识。
2. 提高照护者的烹饪技能。

方案环境

准备宝宝固定的进餐椅。

播放宝宝喜欢的音乐。

注意事项：在宝宝进餐前先将手洗干净；照护者与宝宝交流时要面带微笑、轻声慢语；煮紫甘蓝时注意观察，水稍微有染色即取出，煮太久紫甘蓝会失去新鲜的颜色。

方案互动

1. 和宝宝微笑问候互动，“宝宝，看，这是红色的圣女果”“红色、鲜艳的红色”“今天我们做好吃的彩虹杂蔬饭”。
2. 将彩色食材放在宝宝餐椅上，自由抓握，观察食物天然的颜色。
3. 按照食谱步骤制作彩虹杂蔬软饭。

步骤一，准备好食材。

步骤二，圣女果洗净切小粒，在盘子最上层摆放成弧形，作为彩虹的最上层。

步骤三，胡萝卜洗净去皮切小粒，略加橄榄油，小火煸炒依序摆放在圣女果下方。

步骤四，黄柿子椒去蒂洗净，切小粒，依序摆放。

步骤五，莴笋洗净去皮，切小粒，依序摆放。

步骤六，大米做成软米饭，依序摆放。

步骤七，蓝莓洗净，切小粒，依序摆放。

步骤八，紫甘蓝洗净，放入沸水煮，稍有染色，取出切小粒，依序摆放，并浇些紫甘蓝水于米饭上，上锅蒸 2 分钟。

活动延伸

五色入五味，这么多颜色组成的一道美食，不仅色彩绚丽，营养也更全面，还有丰富的维生素，对宝宝正在成长的身体有多种好处。这个阶段，宝宝开始能吃软的米饭了，可以单独搭配各种蔬菜，肉类辅食，让宝宝先用小手抓米饭感受一下，逐渐训练用勺子吃饭。

方案13 雪梨藕粉羹（10个月+）

方案目标

婴幼儿发展目标：

1. 宝宝尝试适应添加辅食。
2. 练习吞咽能力。

照护服务者目标：

1. 照护者知道雪梨富含膳食纤维、维生素和矿物质，有助于预防和缓解宝宝便秘，提高免疫力。
2. 知道循序渐进地添加辅食的方法。
3. 会用动作引导宝宝练习吞咽食物。

方案环境

准备宝宝固定的进餐椅。

播放让宝宝心情愉悦的音乐。

注意事项：雪梨藕粉羹制作过程无须加水。

方案互动

1. 宝宝坐在餐椅上与照护者面对面，和宝宝微笑问候互动，放在宝宝面前一个梨，轻柔细语："宝宝，看，这是梨""你来抱一抱"。轻轻拿宝宝的手摸一摸，宝宝自己双手抱起梨，闻一闻，会尝试放入口中啃。
2. 按照食谱步骤制作雪梨藕粉羹。

步骤一，准备好食材。

步骤二，雪梨洗净、去皮、切块，上锅蒸 3 分钟，搅打成泥，混入调好的藕粉羹中搅匀。

3. 引导宝宝练习咀嚼食物。

认真地在宝宝面前吃饭，夸张地示范吞咽食物，宝宝模仿照护者吃饭，练习吞咽食物。

活动延伸

10 个月的宝宝肠胃功能还没发育完善，辅食添加水果时应该由熟到生。有些水果，如苹果、梨等刚开始添加时都应该蒸熟了再给宝宝吃，逐渐过渡到生鲜水果。

方案 14 土豆苹果泥（8 个月 +）

方案目标

婴幼儿发展目标：

1. 锻炼宝宝能准确地拿住想要东西的能力。
2. 适当吃粗粮，锻炼宝宝的咀嚼功能和肠胃功能。

照护服务者目标：

1. 提高照护者引导宝宝逐渐添加适量粗粮的意识。
2. 照护者做到不强迫宝宝进食。

方案环境

播放宝宝喜欢的音乐。

注意事项：照护者注意给宝宝添加粗粮应适量，不要强迫宝宝进食。

方案互动

1. 和宝宝微笑问候互动，“宝宝，看！苹果”“你来摸一摸”。
2. 照护者闻一闻，“好香啊！宝宝，闻一闻”，宝宝模仿后，满足地微笑。
3. 按照食谱步骤制作土豆苹果泥。

步骤一，准备好食材。

步骤二，土豆洗净、去皮、切小块，蒸熟，打成泥。

步骤三，苹果洗净、去皮，用不锈钢勺子刮出 2 勺果泥，与土豆泥混匀，再上锅蒸 3 分钟。

4. 尝试用勺给宝宝喂食。

照护者：“勺子、勺子。”宝宝回应照护者，会用手去抓握勺子，及时给予回应和鼓励，并多与宝宝互动几遍，练习宝宝准确抓握的能力。

活动延伸

随着辅食添加的进行，这个月龄段的宝宝对食物会越来越挑剔，照护者可以在每种食物制作的花样上下工夫，引起宝宝的进食兴趣。比如同样是土豆，今天可以做土豆泥，明天就可以混合苹果泥，后天可以做土豆汤，外观形状的变化，同样也会引起宝宝的兴趣。每个宝宝都有自己发育的时间表，有的宝宝这个月龄已经长牙了。已经长牙的宝宝，照护者在准备辅食中，应注重食物的形状，满足宝宝咀嚼功能的锻炼需求，比如菜泥、果泥、肉泥可以做得粗糙些，用于磨牙。

方案15 甜甜梨泥（7个月+）

方案目标

婴幼儿发展目标：

1. 愿意尝试各种辅食。
2. 尝试自己拿勺子，锻炼宝宝手部力量，手眼协调能力。

照护服务者目标：

1. 照护者了解梨可预防宝宝便秘，止咳。
2. 能面带微笑，用轻柔的语言与宝宝交流。

方案环境

准备宝宝固定的进餐椅。

播放让宝宝心情愉悦的音乐。

注意事项：在宝宝进餐前先将手擦洗干净；照护者与宝宝交流时要面带微笑、轻声慢语；有些梨的品种特别甜，可搭配米粉或者其他蔬果一起食用。

方案互动

1. 先拿着清洗干净的梨在宝宝正前方，面带微笑轻柔地说：“宝宝，看！梨！”然后夸张地做出嗅气味的动作，“甜甜的梨！”多重复几遍。

2. 宝宝双手抱着梨摆弄，尝试把梨放入嘴中，锻炼宝宝手部力量。
3. 照护者按照食谱步骤制作甜甜梨泥。

步骤一，准备好梨 1 个。

步骤二，梨洗净、去皮、切小块蒸熟。

步骤三，放入搅拌机中，少加点水。

步骤四，甜甜的梨泥做好了。

4. 给宝宝准备一套吃饭用的防护用具，围嘴、罩衣等基础配备，最好是防水、易清理的，洒到汤汁也比较好处理。

活动延伸

1. 在平时的生活中可以带宝宝闻香蕉的气味、苹果的气味、干净衣服的气味、宝宝书的气味、宝宝肥皂的气味等来促进宝宝嗅觉的发育。
2. 七八个月的宝宝处于蠕嚼期（舌嚼碎 + 牙龈咀嚼），辅食为稍厚的泥糊，可用手抓握，满足宝宝小手向外探索的欲望，也是手部精细动作锻炼的开端。

方案16 西瓜豆腐泥（10 个月 + ）

方案目标

婴幼儿发展目标：

1. 提高宝宝触觉敏感度，宝宝触摸西瓜、豆腐，感受不同质地食材的触感。
2. 锻炼宝宝咀嚼能力。

照护服务者目标：

1. 提高增强宝宝触觉敏感度。
2. 照护者了解西瓜能清热、解暑、利尿，且富含番茄红素，尤其适合发热恢复期的宝宝。

方案环境

宝宝坐在地垫上，摆上一个大西瓜。

播放宝宝进餐音乐，餐桌摆放切好的西瓜、碗、勺子。

注意事项：在进餐前照护者先将宝宝的手洗干净；照护者与宝宝交流时要面带微笑、轻声慢语；西瓜一小块即可，以免量多形成不了泥；要注意宝宝口腔卫生，用宝宝专用牙刷或纱布，为宝宝按摩牙床或清洁口腔。

方案互动

1. 把西瓜放在宝宝前方，轻轻拿宝宝的小手摸摸西瓜，感觉西瓜表面光滑，一边微笑一边对宝宝说"西瓜，圆圆的大西瓜"。
2. 让宝宝的小手抓抓豆腐，感觉豆腐水水嫩嫩，多重复几遍。
3. 将西瓜切成小块，与温开水、切小块的豆腐一起放入搅拌机，打成泥。
4. 给宝宝示范咀嚼的动作。准备好两碗打好的西瓜豆腐泥（宝宝一碗，照护者少许），放在宝宝餐椅上："宝宝开始吃饭喽！"引起宝宝的注意。宝宝坐在餐椅上，照护者坐在与宝宝平视的矮板凳上，用手抓少许西瓜豆腐泥放入嘴中（随时用语言引导宝宝时刻关注自己，以引起宝宝对咀嚼动作的模仿兴趣），然后非常夸张地做咀嚼的动作，"真香！真香！"多重复几遍。"宝宝也来吃！"鼓励宝宝自己动手抓食。刚开始宝宝抓起食物可能会放在手中摆弄，照护者要鼓励宝宝，不要打断宝宝，之后宝宝才会尝试往自己嘴巴里送。这时照护者要及时表扬宝宝"宝宝小手能干，宝宝吃到西瓜豆腐泥了"。

活动延伸

1. 宝宝正处于触觉发展敏感期，照护者可以多提供宝宝自己抓食进食的机会，不但能增强宝宝的食欲，还能给宝宝提供更多的锻炼手部灵活性的机会。
2. 7 个月 + 的宝宝刚刚开始萌牙，适合将食物搅拌成泥，豆腐还可以与香芋做成香芋豆腐泥，鳕鱼豆腐泥，米粉豆腐泥等。

方案17 “鸡”祥如意蒸鸡蛋（12 个月 + ）

方案目标

婴幼儿发展目标：

1. 宝宝摆弄鸡蛋，感知鸡蛋的形状。
2. 喜欢吃蒸蛋。

照护服务者目标：

1. 提高照护者关注鸡蛋等食材营养的意识。
2. 增强提高宝宝食欲的能力。

方案环境

宝宝进餐区，播放宝宝进餐音乐。

注意事项：在宝宝进餐前先将手洗干净；鸡蛋清洗干净。

方案互动

1. 宝宝摆弄鸡蛋，照护者将鸡蛋磕成两半，然后把两半蛋壳来回倒两下，让蛋清顺着蛋壳流进碗里，边倒边对宝宝说“蛋清、蛋清”，可以让宝宝尝试用手抓一下；把蛋壳里的蛋黄倒入碗中，对宝宝说“蛋黄、蛋黄，一个圆圆的蛋黄”。
2. 照护者蒸蛋。

步骤一，用牙签将鸡蛋上下各戳一小孔，将里面的蛋清、蛋黄取出，蛋壳留用。

步骤二，蛋液加入 30 克糖和 2 滴柠檬汁，用搅拌机搅拌打发，加入 80 克低筋面粉搅拌均匀。

步骤三，轻轻拿宝宝小手用打圈的方式将蛋液、面粉搅拌均匀。

步骤四，把搅好的蛋液倒入备好的蛋壳，水开上锅，中火蒸 15 分钟，关火闷 5 分钟。

3. 和宝宝一起剥去蛋壳，并一起装饰成可爱小鸡的样子。

活动延伸

1. 照护者要有意识培养宝宝爱吃饭、喜欢吃饭的兴趣，变换花样，也可播放音乐，营造良好的就餐氛围。
2. 多给宝宝提供动手摆弄的机会，激发宝宝探索周围生活的兴趣，帮助他们积累各种感性经验。

方案18 萌萌哒草莓君（12个月+）

方案目标

婴幼儿发展目标：

1. 愿意尝试各种味道，促进味觉发展。
2. 通过听声指物，认识几种常见水果，发展宝宝的认知能力。

照护服务者目标：

1. 照护者了解草莓具有保护视力、促进胃肠蠕动、改善便秘的功效。
2. 提高照护者与宝宝互动的能力。

方案环境

风和日丽的天气，野餐垫上摆好草莓、苹果、胡萝卜，操作时可播放儿歌《草莓》；进餐时播放宝宝进餐音乐。

注意事项：照护者引导宝宝先将手洗干净；给宝宝提供食材时要是完整的，以免引起宝宝错误的认知。

方案互动

1. 宝宝坐在地垫上，照护者边拿起草莓边说“草莓”，并让宝宝学说，再问宝宝“草莓呢？”（分别把草莓、苹果、胡萝卜认完一遍）
2. 把食材分别摆在宝宝面前，问宝宝：“苹果呢？在哪里呢？”如果宝宝看到了，就和宝宝一起捡起来，鼓励宝宝“宝宝真能干！”多玩几次。
3. 照护者用挖球小勺挖出圆形苹果肉，在草莓上挖出相应的圆洞，将苹果肉装入草莓内。

4. 用胡萝卜做小嘴，巧克力做眼睛，和宝宝一起做出各种表情，摆盘。
5. 一起品尝，说说味道：草莓味、苹果味。

活动延伸

在生活中带宝宝去超市，有意识地教宝宝认识更多的食材，丰富宝宝的认知。

方案19 好饿的毛毛虫（18个月+）

方案目标

婴幼儿发展目标：

1. 愿意尝试各种味道、促进味觉发育。
2. 宝宝能指认青苹果、香蕉、猕猴桃、西瓜等。
3. 喜欢参与洗、切，对水果感兴趣。

照护服务者目标：

1. 照护者能结合绘本故事，引发宝宝的食欲，及时为宝宝补充营养。
2. 提高艺术素养。

方案环境

树荫下，在野餐垫上摆放好各种材料；绘本《好饿的毛毛虫》，操作时可播放故事录音。

方案互动

1. 和宝宝一起看绘本《好饿的毛毛虫》。
2. 发出指令，引导宝宝根据指令指认青苹果、香蕉、猕猴桃、西瓜等。

照护者：“宝宝看这里摆放了许多水果，青苹果在哪里？”宝宝指认出后及时表扬宝宝：“宝宝真棒！找到了青苹果。”依次发出指令让宝宝指认。

3. 照护者与宝宝一起洗、切水果。

引导宝宝给水果洗个澡，洗的时候要把水果的每个地方都洗到。

照护者：“宝宝，快看，我要切香蕉喽！”用夸张的动作示范将香蕉切成两半，再切成小块，将切好的香蕉放到碗里。

照护者左手拿宝宝左手按住水果，拿宝宝右手来切，“切！切！切！”鼓励宝宝自己动手切并及时表扬：“宝宝的小手真棒，会切香蕉了。”在这个过程中宝宝感受到香蕉软软的，很容易切。

4. 指导宝宝做“好饿的毛毛虫”。

与宝宝一起将青苹果切成小块，做毛毛虫的身体，圣女果切一小片做毛毛虫的脑袋，用奶酪做眼睛，苹果做嘴巴，西瓜切成圆形小块作太阳，香蕉切成云朵状，猕猴桃切小三角作草丛。

5. 宝宝参与拼摆，萌发宝宝的艺术创造能力。

活动延伸

1. 炎热的夏季宝宝爱出汗，身体需要补充大量维生素和矿物质，但又通常会食欲不好；秋季干燥，宝宝容易秋燥咳嗽；夏季是瓜果丰富的季节，可以制作类似水果拼盘，结合绘本故事，引发宝宝的食欲，及时补充营养。
2. 在生活中照护者多创造宝宝动手的机会，让宝宝随意拼摆各种图案，锻炼宝宝的创造力。

方案20 冬至——五彩水饺（24个月+）

方案目标

婴幼儿发展目标：

1. 宝宝感知“黏糊糊”，促进触觉发展。
2. 学说手指谣《冬至到》。

照护服务者目标：

1. 提高照护者发现教育契机的能力。
2. 增进宝宝食欲。

方案环境

宝宝快乐小厨房操作区摆好各种食材；操作时可播放手指谣《冬至到》。

方案互动

1. 与宝宝一起聊冬至。

照护者："今天是冬至，在这一天有一个习俗就是吃水饺。"

与宝宝一起学说手指谣《冬至到》。照护者边说儿歌边做，鼓励宝宝模仿。

手指谣：《冬至到》

冬至到，冬至到。

我们一起包水饺。

暖暖和和吃一碗。

包你耳朵冻不掉。

2. 宝宝参与切材料。

照护者："我们一起来切火龙果吧。"宝宝模仿动作，用安全刀切水果。及时表扬宝宝："宝宝小手真能干！"在这个过程中锻炼宝宝的手眼协调能力。

3. 与宝宝一起将切好的材料分别放入料理机打碎。照护者："宝宝看！哇，火龙果被搅碎了，变成了什么？"宝宝发挥想象说出自己的想法"红色的颜料、奶油。"

4. 和面。

照护者："宝宝，这是面粉，白白的面粉，抓抓看。""我们一起将面粉和火龙果汁混合，面粉会变成什么颜色呢？一起试试看吧！"一起与宝宝和面，刚开始宝宝可能抗拒黏黏的面粘在手上的感觉，要给予引导。照护者表情夸张："哇，黏黏的，我的手被粘住了，好好玩，宝宝，快来帮我一起抓啊！"宝宝参与和面感受黏糊糊的感觉。"看！白白的面粉变成了红色，好神奇啊！""一起试试其他的吧！"一起分别把不同颜色的面和好。

5. 与宝宝一起搅拌馅料。

6. 宝宝参与包水饺。照护者："我们一起来包水饺吧！"照护者放慢速度包好一个水饺鼓励宝宝模仿："宝宝也来包一个吧！""宝宝的小手真能干！"

活动延伸

在制作的过程中多让宝宝参与，对宝宝来说可能会有难度，照护者要适时表扬、鼓励宝宝把事情做完。

方案21 南瓜花卷（12个月+）

方案目标

婴幼儿发展目标：

1. 感受面团的可塑性，促进精细动作的发展。
2. 宝宝抱一抱南瓜，感受重量。

照护服务者目标：

1. 照护者了解南瓜可以预防感冒。
2. 学会做包子、馒头、花卷等面食。

方案环境

与宝宝在轻柔愉悦的音乐背景下开始美食之旅。

方案互动

1. 鼓励宝宝抱一抱南瓜，感受重量。

将一个苹果放入宝宝手中让宝宝掂一掂，“宝宝真棒，很容易就拿起来了。”然后再让宝宝抱一抱南瓜：“哇！南瓜好重啊，宝宝加油！”再来感受一下苹果：“苹果很轻，宝宝很容易就拿起来了。”

2. 感受南瓜由硬变软的过程。

照护者让宝宝摸一摸蒸之前的南瓜，“宝宝，摸一摸，按一按，硬硬的，按不动”。把蒸好的南瓜凉透后，再让宝宝摸一摸，惊奇地对宝宝说：“咦，南瓜变了哎！变得软软的了，好神奇啊！”

3. 做花卷。与宝宝一起把南瓜捣碎和面，分别用南瓜泥和牛奶揉黄、白两个面团，发酵 20 分钟，会变大 2 倍。

擀成两块薄面饼，叠在一起，切成细细的长条，拧在一起，边拧边拉。团成花卷，饧发 20 分钟。上锅蒸。宝宝一起参与做花卷，感受面团的可塑性。

4. 蒸花卷，大火烧开转中火 15 分钟。
5. 品尝花卷：今天我们吃什么？吃花卷！培养宝宝喜欢吃饭的兴趣。

活动延伸

做花卷的过程照护者可鼓励宝宝自己创造做各种造型。

方案22 豆腐手指条（8个月+）

方案目标

婴幼儿发展目标：

1. 宝宝能自己拿食物咀嚼吞咽，促进乳牙生长。
2. 鼓励宝宝体验与同伴交往的乐趣。

照护服务者目标：

1. 促进照护者与宝宝间的语言交流。
2. 提高照护者的烹饪技能。

方案环境

准备宝宝固定的进餐椅。

播放宝宝喜欢的音乐。

注意事项：在宝宝进餐前先将手洗干净；照护者与宝宝交流时要面带微笑、轻声慢语；豆腐属于豆制品，过敏风险会高一点，要先少量尝试，确认宝宝不会过敏后再添加。

方案互动

1. 室内播放音乐，和婴儿微笑问候互动，“宝宝，看，豆腐，豆腐”“青菜，青菜”“今天我们做好吃的豆腐手指条”。
2. 将一块豆腐放入碗中放在宝宝餐椅上，让宝宝自由抓、握、捏、抠豆腐，感受豆腐，增强肌肤触觉。
3. 按照食谱步骤制作豆腐手指条。

步骤一，准备好食材。

步骤二，青菜叶沸水入锅，焯水 1 分钟 。宝宝的消化系统和肠胃功能尚未发育完善，焯水有利于去掉青菜上农药残留，保护宝宝肠胃。

步骤三，捞出后切碎。青菜尽量切碎，有助于宝宝消化。

步骤四，豆腐切成小块，沸水入锅焯 2 分钟，捞出控水后碾压成泥状，再稍稍冷却。用豆腐制作辅食时，一定要沸水焯水后再使用，这样可以去除豆腥味，宝宝会更喜欢。

步骤五，豆腐、菜叶碎、面粉、鸡蛋全部倒入碗中。搅拌均匀，搅拌后成黏稠易滑落的状态。

步骤六，容器底垫上硅油纸，倒入搅拌好的豆腐菜糊，放入蒸锅，倒扣上一个盘子。

步骤七，冷水上锅，用火蒸 20 分钟即可。

步骤八，蒸好稍稍冷却，倒扣脱模，撕去底部的纸。

步骤九，切成适合宝宝手拿的长条，大小可自行调整。

4. 品尝豆腐手指条，鼓励宝宝能自己拿着食物，咀嚼吞咽。也可带宝宝到室外广场，鼓励宝宝和同来游玩的、年龄相仿的宝宝打招呼。让宝宝和小伙伴点点头或拍拍手表示欢迎。引导宝宝和小伙伴分享手指饼，并让他们点点头表示谢意。和小伙伴分手时，让宝宝挥挥手，表示再见。

活动延伸

8 个月以上的幼儿食用，照护者可以用其他的食材搭配做成手抓食品，不但能增强宝宝食欲，还能给宝宝提供更多的锻炼手部灵活性的机会。

方案 23 补脑核桃米糊（10 个月 +）

方案目标

婴幼儿发展目标：

1. 练习五指抓握，促进手眼协调。
2. 感受硬硬的，粗糙的核桃，增强肌肤触觉。

照护服务者目标：

1. 照护者了解核桃健脑益智，特别适合冬季。
2. 提高照护者关注宝宝动作发展的意识。

方案环境

宝宝进餐区，宝宝餐椅，播放宝宝进餐音乐。

方案互动

1. 宝宝认识核桃。

把核桃放到宝宝手中，宝宝抓握核桃："核桃，核桃。"

拿着宝宝的手轻轻触摸核桃："硬硬的核桃。"照护者再拿起宝宝的毛绒玩具："软软的，软软的玩具。"增强肌肤触觉，练习手指抓取的精细动作。

宝宝将核桃从一只手中换到另一只手中，反复拨弄，照护者不要打断宝宝。

给宝宝两个核桃，宝宝会尝试两个核桃对敲，让核桃发出声音，照护者及时表扬："宝宝真棒！真好听！"

2. 将核桃仁打碎成泥状，冲泡好米粉与胡萝卜、核桃泥混合即可。
3. 用勺喂食宝宝，让宝宝尽快适应用勺吃饭。

活动延伸

这个月份的宝宝感知觉、动作发展迅速，照护者多给宝宝提供锻炼机会。

方案24 翡翠虾球（12个月+）

方案目标

婴幼儿发展目标：

1. 鼓励宝宝自己抓食，锻炼宝宝五指抓、动手捏、抠的能力。
2. 锻炼宝宝的咀嚼和吞咽能力。

照护服务者目标：

1. 尊重宝宝的意愿，给宝宝提供自己动手的机会。

2. 提高烹饪技能。

方案环境

准备宝宝固定的进餐椅。

播放宝宝喜欢的音乐。

注意事项：在宝宝进餐前先将手洗干净；照护者与宝宝交流时要面带微笑、轻声慢语；买新鲜的虾，这样食材质量更有保障。

方案互动

1. 和婴儿微笑问候、互动。

2. 按照食谱步骤制作翡翠虾球。

步骤一，准备好食材：鲜虾 3 只、西蓝花 3 小朵、面粉适量。

步骤二，鲜虾洗净，去头尾、去壳，去虾线。

步骤三，西蓝花洗净，用沸水烫一下，将虾仁、面粉、西蓝花依次放入搅拌机搅拌。

步骤四，双手洗净蘸水，用虎口挤出一个个虾球。

步骤五，将虾球放入烧开的水中，保持小火微沸，虾肉颜色由透明转红，浮起捞出。

3. 鼓励宝宝自己抓食。

照护者："漂亮的翡翠虾球做好喽！啊！好香啊！宝宝闻一闻。"宝宝开心得手舞足蹈，将翡翠虾球放在宝宝面前，宝宝很感兴趣，照护者："宝宝，自己吃。"宝宝用五指抓的方式自己进食，边吃边认知，捏虾球，抠虾球，以宝宝自己的方式感知。

活动延伸

西蓝花属于十字花科蔬菜，富含维生素，虾是优质蛋白质的来源，这道美食营养均衡，可增强宝宝抵抗力，西蓝花的清香加上虾肉浓郁的肉香，红白点翠的视觉观感会促进宝宝的食欲。可以将西蓝花替换成其他蔬菜，也可以蒸熟食用或者和汤一起食用。

方案25 牛肉饼（17个月+）

方案目标

婴幼儿发展目标：

1. 宝宝喜欢创意菜，能双手端碗。
2. 宝宝自己吃牛肉饼，进一步练习咀嚼。

照护服务者目标：

1. 照护者知道柿子椒含有丰富的维生素，可以提高宝宝免疫力。
2. 了解牛肉的营养价值，平时让宝宝多吃。

方案环境

安静的环境，固定的桌椅餐具。

宝宝进餐区，播放宝宝进餐音乐。

注意事项：在宝宝进餐前先将手洗干净；照护者与宝宝交流时要面带微笑、轻声慢语；煎牛肉的火不宜大，不然肉容易焦煳。

方案互动

1. 和宝宝微笑问候互动，出示之前做好的一盘牛肉饼：“宝宝，看，这是什么？”宝宝双手端起盘子说：“小花。”照护者：“宝宝闻一闻。”宝宝闻了闻兴奋地说：“肉肉。”照护者：“牛肉，宝宝爱吃牛肉，吃牛肉有力气！”
2. 照护者咬一口牛肉饼，面对宝宝细嚼慢咽：“嗯，真香啊！宝宝自己吃。”宝宝自己用叉子吃牛肉饼，慢慢咀嚼，满足地望着照护者，照护者及时给予回应。
3. 照护者按照食谱步骤制作牛肉饼。

步骤一，准备好食材。

步骤二，番茄洗净、去蒂，开水烫去皮，切丁。

步骤三，铁锅中倒入核桃油，大火加热，倒入番茄丁，煸炒成番茄酱，熄火。

步骤四，待番茄酱放凉，牛里脊洗净、剁碎，倒入铁锅中，加酱油、料酒，顺时针搅拌均匀、上劲，腌 1 小时。

步骤五，红柿子椒和黄柿子椒去蒂，洗净后切成圈，放入加油的平底锅，往彩椒圈里填满牛肉馅，小火加热，一面凝固后再煎另一面，两面煎至肉色发黄即熟，盛入盘中。

活动延伸

牛肉、羊肉这类肌肉纤维较粗、宝宝不易消化的肉类，1 岁后添加较合适。番茄中的果酸可加速牛肉软烂，彩椒圈一方面帮助牛肉饼定型，另一方面也给这道美食增加了更多的维生素。宝宝一次吃一个椒圈牛肉饼就够了。

方案 26 好吃的“米饭画”（12 个月 +）

方案目标

婴幼儿发展目标：

锻炼宝宝自己用勺进餐的能力。

照护服务者目标：

1. 提高照护者创造性为宝宝做美食的能力。
2. 提高照护者的烹饪技能。

方案环境

安静的环境，固定的桌椅餐具。

宝宝进餐区，播放宝宝进餐音乐，也可播放宝宝喜欢听的儿歌。

注意事项：在宝宝进餐前先将手洗干净；照护者与宝宝交流时要面带微笑、轻声慢语。

方案互动

1. 和宝宝微笑问候互动，照护者提示，宝宝指认食材，感受食材颜色的多样性。

2. 按照食谱步骤制作好吃的“米饭画”。

步骤一，准备好食材。

步骤二，用西蓝花末炒出一部分大米，再用适量的鸡蛋、火腿、胡萝卜炒出一部分米饭。

步骤三，把鸡蛋摊成鸡蛋饼备用，并用模具或刀做出需要的造型。

活动延伸

如果宝宝对大人的饭菜好奇，想尝试，妈妈不妨吃一吃宝宝的食物，宝宝看见了，就容易模仿。给宝宝提供健康食物，逐渐形成自己的均衡饮食。

方案27 小鸟面条（24个月+）

方案目标

婴幼儿发展目标：

1. 能区分大大的、小小的。
2. 使用筷子或勺子进餐，促进手眼协调。

照护服务者目标：

1. 照护者了解鹌鹑蛋中含有丰富的卵磷脂和脑磷脂，是大脑发育不可缺少的营养，健脑益智。
2. 提高照护者的烹饪技能。

方案环境

安静的环境，固定的桌椅餐具。

宝宝进餐区，播放宝宝进餐音乐，也可播放宝宝喜欢听的儿歌。

注意事项：在宝宝进餐前先将手洗干净；面条不能煮得太过，不然会很黏。

方案互动

1. 和宝宝微笑问候互动，教宝宝认识鹌鹑蛋，与鸡蛋比较，感受大大的、小小的。问宝宝“哪个大？哪个小？”

2. 和宝宝做小鸟面条，照护者面带微笑递给宝宝一个做好的小鸟，宝宝微笑回应并说："谢谢！"

3. 与宝宝一起制作小鸟面条。

（1）鼓励宝宝动手将碗内铺上洗净的生菜叶。

（2）鹌鹑蛋煮熟凉透后，让宝宝剥壳待用。

（3）照护者将面条煮熟，捞出；面条加入酱油、香油搅拌均均匀。

（4）鼓励宝宝将胡萝卜切成薄片，切出小菱角形状。鹌鹑蛋在顶部切个小口，将胡萝卜片夹在切开的小口上，做小鸟的嘴巴，用芝麻做小鸟的眼睛。

（5）把拌好的面条摆放在生菜叶上，中间留个小窝，将做好的小鸟放在面条的小窝上。

活动延伸

2 岁的宝宝能吃很多大人能吃的食物了，但仍要注意口味的清淡和适当搭配。宝宝还处于由奶类为主食向以谷类为主食，蛋、奶、肉、蔬菜、水果等为辅的混合饮食过渡期，这个时期也是良好饮食习惯形成的关键期。

方案 28 豆角棒棒糖（24 个月 +）

方案目标

婴幼儿发展目标：

1. 认识长豆角，感受长长的，会比较多少、长短。
2. 锻炼手眼协调能力。

照护服务者目标：

1. 照护者了解豆角含有丰富的蛋白质，维生素 C，是一种营养价值较高的蔬菜。
2. 提高照护者的烹饪技能。

方案环境

安静的环境，固定的桌椅餐具。

宝宝进餐区，播放宝宝进餐音乐，也可播放宝宝喜欢听的儿歌。

注意事项：在宝宝进餐前先将手洗干净；照护者与宝宝交流时要面带微笑、轻声慢语；在宝宝食用时，一定要注意先取下牙签，以免扎伤。

方案互动

1. 和宝宝微笑问候互动，一起择豆角："宝宝这是什么呀？豆角"，拿起一根长豆角："长长的豆角"，递给宝宝，宝宝："长长的豆角！"
2. 宝宝手里拿一根长豆角，照护者拿一根短豆角与宝宝的长豆角一端对齐并排放好："宝宝比比谁的豆角长，谁的豆角短"鼓励宝宝说出哪根长，哪根短，可反复进行。
3. 照护者按照食谱步骤制作豆角棒棒糖。

（1）将长豆角洗干净，煮熟。

（2）将长豆角捞出过冷水，卷起来，用竹签串起。

（3）大蒜（可蒸熟）切碎，与醋、盐、香油拌成料汁。

（4）鼓励宝宝把芝麻酱挤在豆角上，形成棒棒糖的圈圈，蘸取蒜蓉汁食用即可。

活动延伸

这个时期的宝宝，口味变得越来越挑剔，太过清淡的饮食就会变得很难满足要求。如果在给宝宝烹调食物的时候适当调配一下口味，能促进宝宝的食欲，而且完全不用过多添加重口味调料，用食物本身的味道就可以，比如带有酸味的番茄、柠檬，带有甜味的红薯、紫薯、香蕉。

方案29 海绵宝宝三明治（24个月+）

方案目标

婴幼儿发展目标：

1. 认识长方形。
2. 发展精细动作和创造力。

照护服务者目标：

1. 提高照护者照料技能，增强宝宝食欲。
2. 提高照护者的烹饪技能。

方案环境

安静的环境，固定的桌椅餐具。

宝宝进餐区，播放宝宝进餐音乐，也可播放宝宝喜欢听的儿歌。

注意事项：在宝宝进餐前先将手洗干净；照护者与宝宝交流时要面带微笑、轻声慢语。

方案互动

1. 和宝宝微笑地问候互动，照护者出示完整的面包片，将原始面包片切成长方形、三角形、正方形。宝宝模仿将面包切出形状，宝宝自己创意面包切法。
2. 按照食谱步骤制作海绵宝宝三明治。
3. 准备好食材，将鸡蛋煮熟并放凉，宝宝参与剥鸡蛋并将煮熟的鸡蛋切开取黄，“宝宝太棒了，会剥鸡蛋了！”加适量沙拉酱搅拌成糊状，酱抹在面包片上，香肠切片加在中间，用蛋白、海苔、生菜做海绵宝宝的五官，照护者放到微波炉加热30秒即可。

活动延伸

在日常生活中照护者要有意识地让宝宝参与到力所能及的事情中来。

方案30 小蝌蚪找妈妈（24个月+）

方案目标

婴幼儿发展目标：

1. 能双手端碗，练习自己用勺吃饭。
2. 理解故事内容，发展宝宝想象力、专注力。

照护服务者目标：

1. 提升造型摆盘和食材搭配及设计能力，一道菜就是一个故事。
2. 照护者让宝宝爱上吃饭，从小建立美学观念。

方案环境

快乐小厨房。

播放宝宝喜欢的音乐。

注意事项：宝宝进餐前先将手洗干净；照护者与宝宝交流时要面带微笑、轻声慢语；猕猴桃要挑选软硬适中的，方便切片造型。

方案互动

1. 给宝宝讲故事。

照护者："宝宝，小蝌蚪找妈妈的故事有谁呀？""青蛙妈妈，小蝌蚪，对，我们一起来做个小蝌蚪找妈妈的水果拼盘吧！"

2. "宝宝，清洗草莓要轻轻地！我们一起来洗葡萄干吧！""宝宝会洗葡萄干，真棒呀！"

3. 按照食谱步骤制作《小蝌蚪找妈妈》。

葡萄干用凉开水洗净后摆盘，作小蝌蚪。

猕猴桃去皮，切下 2 片，作莲叶，余下部分作青蛙妈妈的脑袋，奶酪剪取圆片，粘在脑袋上，再分别放上一颗去掉核的葡萄干作眼珠。

草莓去蒂、洗净，用淡盐水浸泡 10 分钟，切十字刀，不要切到底，放在其中一片莲叶上，作莲花；小心取点草莓汁，给青蛙妈妈作腮红。

4. 照护者："宝宝长大了，自己吃饭好不好？"食物放凉，宝宝自己双手端碗，练习自己拿勺子吃饭。

活动延伸

这道水果拼盘制作简单，富含维生素和蛋白质。每到应季多吃鲜果，其他时候可以适当吃点干果，但水果干制后果糖浓度上升，味道很甜，不宜给宝宝吃太多。

方案31 捣果肉（18个月+）

方案目标

婴幼儿发展目标：

1. 促进味觉发展。
2. 练习手指抓、握、按、压的精细动作。

照护服务者目标：

1. 照护者了解各种水果的营养价值。
2. 提高照护者关注宝宝动作发展的意识。

方案环境

宝宝餐椅。

播放《水果歌》。

注意事项：在宝宝进餐前先将手洗干净；照护者与宝宝交流时要面带微笑、轻声慢语；照护者时刻关注宝宝用冰棍棒注意安全。

方案互动

1. 认识柠檬。

将柠檬放在宝宝面前："柠檬！柠檬！黄色的柠檬！"轻轻拿宝宝的手让宝宝摸一摸，"凉凉的、涩涩的"，增强肌肤触觉，"柠檬！柠檬！"

2. 引导宝宝捣鼓果肉。

将柠檬从中间一切两半，拿一根冰棍棒在宝宝面前放慢动作给宝宝示范：

“宝宝看！果肉，果肉”酸酸甜甜的果汁流出来，带出水果的气味。

夸张地做闻一闻的动作：“酸酸甜甜的柠檬味！”

给宝宝一半柠檬和一根冰棍棒。轻握宝宝的手做插果肉的动作，模仿力强的宝宝在照护者示范下可以自己来。在这个过程中宝宝练习手指抓、握、摁、压的精细动作。

可以轻轻地将冰棍棒放到宝宝嘴巴里让宝宝感觉一下酸酸甜甜的味道。好奇的宝宝可能会尝试舔一舔。刺激宝宝的味觉。

在这个过程中，很好地锻炼了宝宝的精细动作。

活动延伸

照护者可以为宝宝提供多种水果，比如火龙果、西瓜、橙子等供宝宝捣鼓，刺激宝宝的味觉发展。

方案32 牛奶麦片（12个月+）

方案目标

婴幼儿发展目标：

1. 感受麦片的质感。
2. 锻炼宝宝抓握、促进提高触觉和精细动作的发展。

照护服务者目标：

1. 照护者接受宝宝弄脏衣服。
2. 提高发展宝宝触觉的意识。

方案环境

宝宝情绪愉快。

方案互动

1. 示范拨弄麦片。

照护者“宝宝，麦片”。

放慢速度做用手抓麦片的动作，边抓边说“麦片，麦片”，宝宝专注地看着照护者和麦片，照护者流露出开心的表情并给予宝宝眼神的回应。宝宝对麦片产生好奇。

2. 引导宝宝拨弄麦片。

将盘放到宝宝面前，轻握宝宝的手，让宝宝触摸到麦片：“麦片！”宝宝很喜欢，会专注地抓握麦片，当手中的麦片从指缝中掉落后赶紧再次抓起麦片，刺激宝宝的触觉。

3. 将麦片放入牛奶搅拌。慢动作先示范搅拌的动作：“宝宝看！转圈圈，搅一搅！宝宝，你来试一试！”宝宝自己搅拌，锻炼宝宝的手眼协调能力。
4. 吃牛奶麦片。“宝宝，牛奶麦片做好了，来尝一尝吧！”鼓励宝宝自己用勺子进食。

活动延伸

1. 触觉发展进度会影响宝宝区分和辨别能力，触觉好的宝宝能很快将所接触到的事物反映给大脑，做出判断。10 个月大之后，宝宝的触觉越来越清晰，开始分辨出所接触的不同材质。所以照护者应该有意识地训练宝宝的触觉能力。
2. 可以将麦片换成其他材质的东西让宝宝拨弄，以使宝宝得到不同材质的触觉感受。

参考文献

[1] 国务院办公厅关于促进 3 岁以下婴幼儿照护服务发展的指导意见：国办发〔2019〕15 号. 中华人民共和国国家卫生健康委员会官网，2019.

[2] 杰罗姆·布鲁纳. 教育的文化：文化心理学的观点 [M]. 宋文里，译. 台北：远流出版公司，2011.

[3] 李传英. 幼儿园课程的文化哲学基础 [D]. 重庆：西南大学，2011.

[4] 何磊. 童之本：走向中用的学前教育课程 [M]. 北京：现代教育出版社，2018.

[5] Morrison G S. 当今美国儿童早期教育 [M]. 王全志，孟祥芝，等译. 北京大学出版社，2004.

[6] 深圳市人民政府办公厅关于印发促进 3 岁以下婴幼儿照护服务发展实施方案（2020—2025 年）的通知. 国家婴幼儿托育服务公众号，2020.

[7] 柯森. 基础教育课程标准及其实施研究 [D]. 上海：华东师范大学，2004：15.

[8] 赵祥麟. 外国教育家评传（第三卷）[M]. 上海：上海教育出版社，2003：54.

[9] 何磊. 未来托幼机构科学保教规范管理指南 [M]. 北京：化学工业出版社，2020：95.

[10] 《托育机构设置标准（试行）》和《托育机构管理规范（试行）》. 中华人民共和国国家卫生健康委员会官网，2019.

[11] 张焕庭. 西方资产阶级论著选 [M]. 北京：人民教育出版社，1979.

[12] 珍妮特·冈萨雷斯-米纳，戴安娜·温德尔·埃尔. 婴幼儿及其照料者——尊重及回应式的保育和教育课程 [M]. 张和颐，张萌，译. 陈英和，审校. 北京：商务印书馆，2019.

[13] 边霞. 论儿童文化的基本特征 [J]. 教育研究，2001（1）：14-16.

[14] 姜勇. 专题：建设“幼有所育”的公共服务体系 [J]. 教育学报，2020（2）.

[15] 杜威. 民主主义与教育 [M]. 言承绪，译. 北京：人民教育出版社，1999.

[16] 云南省人民政府办公厅文件：云政办发 [2020] 35 号. 国家婴幼儿托育服务公众号，2020.

[17] 胡华．回归儿童生活：幼儿园课程建构的本质 [J]．甘肃社会科学，2019.
[18] 杨汉麟，周采．外国教育史 [M]．南宁：广西教育出版社，1998.
[19] 江楠．二十四节气知识 [M]．北京：中国华侨出版社，2014.
[20] 高香春，邵敏，文．许明振，李婧，绘．这就是二十四节气 [M]．北京：海豚出版社，2015.
[21] 中华人民共和国教育部．0～6 岁儿童发展的里程碑：儿童发育异常的自查手册，2018.
[22] 中华人民共和国国家卫生健康委员会．0～6 岁儿童发育行为评估量表，2018.
[23] 唐敏，李国祥．0～3 岁婴幼儿动作发展与教育 [M]．上海：复旦大学出版社，2011.
[24] 吴升扣，姜桂萍．儿童早期动作发展测量的研究进展 [J]．北京体育大学学报，2014.
[25] 李营．0～3 岁婴幼儿认知与语言发展及教育 [M]．北京：北京师范大学出版社，2020.
[26] 伯顿·怀特．从出生到 3 岁——婴幼儿能力发展与早期教育权威指南 [M]．宋苗，译．北京：北京联合出版公司，2019.
[27] 鲍亚范，戴淑凤．0～3 岁婴幼儿早期教育家长指导手册 [M]．北京：华夏出版社，2013.
[28] 尹坚勤，张元．0～3 岁婴幼儿教养手册 [M]．南京：南京师范大学出版社，2008.
[29] 纪亚飞．教孩子学礼仪 [M]．北京：中国纺织出版社，2016.
[30] 珍妮特·冈萨雷斯-米纳，黛安娜·温德尔·埃尔．婴幼儿及其照料者：尊重及回应式的保育和教育课程 [M]．张和颐，译．北京：商务印书馆，2017.
[31] 胡敏，童笑梅．宝宝辅食添加每周辅食计划 [M]．北京：化学工业出版社出版，2019.
[32] 李丹阳．年糕妈妈辅食日记 [M]．北京：北京联合出版公司，2017.
[33] 周念丽．“活教育”中的食育 [M]．上海：复旦大学出版社，2019.
[34] 王明强．不可不知的 24 节气常识 [M]．南京：江苏科学技术出版社，2014.
[35] 狄荣科．0～3 岁婴幼儿早期发展与教养手册 [M]．镇江：江苏大学出版社，2015.